ESSAIS HISTORIQUES SUR LE PORTUGAL

Saint-Amand (Cher). — Imp. de Destenay.

ESSAIS HISTORIQUES

SUR

LE PORTUGAL

STATISTIQUE

PAR

Edgard POURCELLE & E. BONNAVENTURE

PARIS
E. DENTU, ÉDITEUR
LIBRAIRE DE LA SOCIÉTÉ DES GENS DE LETTRES
Palais-Royal, 17 et 19, Galerie d'Orléans

1871

INTRODUCTION

La tâche de l'historien, si difficile, si délicate, dans tous les temps, le devient bien davantage lorsque la société est tourmentée par des troubles civils. L'impartialité, cette première condition de toute narration authentique, paraît être trop pâle, trop impassible à l'esprit de parti ; trop hardie, trop provocatrice aux classes indifférentes pour lesquelles grondent vainement les orages politiques lorsque leurs têtes n'en sont pas atteintes. C'est pourtant au milieu de ces passions effervescentes et de ces inerties sociales, que l'histoire doit marcher courageusement; car entre les deux extrêmes qu'elle signale, il existe une sage majorité, qui dans sa nationalité calme mais réfléchie, veut former son expérience à l'école du passé, afin de juger par la comparaison les hommes et les évènements contemporains. Notre livre s'adresse particulièrement à ces lecteurs qui recherchent de bonne foi la vérité : nous nous sommes fait un devoir religieux de la leur offrir franche et consciencieuse.

Ce livre n'est point écrit sous l'influence acrimonieuse d'un parti pris de tout blâmer systématiquement : l'infidélité la plus funeste, la plus décourageante est celle qui montre le mal là où se rencontre le bien. Mais aucune de nos pages ne sera souillée par la trace honteuse de cette servilité, presque toujours vénale, qui falsifie les annales au gré des hommes puissants. Toute censure ou tout éloge sans restriction mérite peu de confiance.

Parvenus à la période contemporaine nous ne changerons rien au système suivi pour les temps écoulés! équitable, désintéressée la vérité convient aux vivants encore plus qu'aux morts; car son flambeau, qui ne peut éclairer les ténèbres de la tombe, luit quelquefois utilement pour les puissances de la terre.

Pour faire cet ouvrage nous avons puisé à des sources différentes, mais nous les avons soumises à un contrôle sévère ; nous avons vérifié les faits, les dates; nous avons rapproché et discuté les autorités diverses. Malgré tous nos efforts nous ne nous flattons pas d'avoir réussi à éviter toute erreur mais nous espérons qu'on voudra bien juger avec quelque indulgence un livre comme celui-ci rempli de noms propres et de chiffres, et dont chaque ligne, chaque mot pour ainsi dire, nous offrait un écueil, surtout si on se rappelle qu'il est fait par des étrangers pour lesquels il est bien difficile de se procurer les documents qui leur sont nécessaires. Ces difficultés s'augmentent encore lorsque nous parlons de l'état du pays, des monuments, de l'armée, de la flotte, du commerce, des dépenses, car chaque année ces choses changent et ce qui était parfaitement exact l'année où l'on prend les notes peut différer notablement de la vérité l'année où s'imprime le livre.

Nous ne pouvons citer les noms des personnes qui ont bien voulu nous fournir des documents ou nous aider de leurs conseils, mais nous sommes heureux de pouvoir ici remercier publiquement messieurs les Portugais à l'obligeance desquels nous devons d'avoir pu nous procurer les documents relatifs à l'histoire de leur pays.

Nous n'avons pas eu la prétention de faire une histoire du Portugal; nous savons bien que des volumes plus petits encore ont été décorés de ce nom pompeux dans le pays même car nous ne connaissons pas d'histoire Portugaise écrite en Français.

Nous avons fait un livre qui ne renferme que des essais historiques sur l'histoire générale du Portugal; c'est-à-dire nous avons recueilli et compulsé les documents ayant rapports aux faits les plus imposants, nous les avons classé et discuté; pour qui s'arrêterait là ce serait une histoire; mais pour nous ce n'est qu'un canevas complet contenant l'histoire vraie, les dates vérifiées, la critique historique indiquée, canevas qui peut servir à faire une grande histoire minutieuse dans les détails qui retracera la gloire du Portugal. Nous n'avons pas voulu entrer immédiatement dans l'histoire du Portugal, c'est-à-dire à l'avènement de la dynastie de Bourgogne, car en agissant ainsi nous n'aurions pas initié nos lecteurs à ce qu'était le Portugal, à ce que nous voyons de grand, de noble, de généreux dans ses enfants. Aussi avons-nous, pour faire comprendre ce qu'étaient vraiment les Portugais, écrit leur histoire depuis les temps les plus reculés jusqu'à son érection en Gouvernement indépendant. Dans notre livre bien modeste nous avons gardé le milieu entre une abondance qui nous eut fait sortir de notre cadre et une pénurie et une sécheresse qui, en la réduisant à une aride nomenclature, lui eussent enlevé tout intérêt, toute utilité. Nous sommes entrés dans plus de détails chaque fois que nous nous sommes rapprochés de l'histoire contemporaine que nous avons écrite franchement sans flatterie, sans haine. Enfin nous avons fait un peu de statistique moderne indiquant la population, les forces militaires de terre et de mer, l'agriculture, l'industrie, les revenus et les dépenses; nous avons aussi parlé de la littérature et de l'art.

Cette portion de notre ouvrage est beaucoup plus étêndue que ne le comporte le reste du livre; nous avons agi ainsi car voulant faire connaître ce qu'est le Portugal ce moyen était, selon nous, le plus propre à montrer ce qu'il est, ce qu'il peut, ce qu'il sera.

Aurons-nous avec tous nos efforts réussi? Les chiffres sont éloquents et prouvent la grandeur du pays.

Notre but étant d'écrire notre pensée sur un peuple que nous admirons, nous n'avons pas la prétention de faire partager notre admiration à tous, car nous n'avons pas la prétention d'être lus d'un si grand nombre ; mais nous sommes persuadés que nos lecteurs partageront notre avis après avoir lu ; non que nous comptions sur nos phrases qui sont froides comme des juges, qui racontent sans plier, mais parce que nous comptons sur l'éloquence des faits. Nous voudrions répandre notre opinion que nous croyons la vraie, et peut-être cet ouvrage n'est-il que le premier pas, peut-être plus tard un autre plus important, plus grand, en un mot aussi complet qu'il sera possible le suivra-t-il.

Nous avons écrit cet ouvrage en français parce que le français apprend peu les langues étrangères et que les étrangers au contraire parlent, du moins dans les classes élevées, le français ; parce que c'est pour ce genre d'ouvrage la langue la plus répandue, parce-qu'enfin c'est notre langue maternelle, c'est-à-dire celle que nous écrivons le mieux et avec plus de facilité.

Nous écrivons l'histoire du Portugal parce que c'est le pays qui a nos sympathies, parceque le Portugais ressemble par son caractère au Français, parcequ'enfin son histoire est une des plus glorieuses qui se puissent voir. Nous avons suivi le peuple Portugais dans toute son existence; nous l'avons vu presque confondu avec ses voisins dont il se distinguait cependant par son courage et son amour pour la liberté. Nous l'avons vu à l'état barbare tenir en échec les plus redoutables peuples de l'antiquité, nous l'avons vu se déclarer indépendant sous Henri de Bourgogne, s'ériger en royaume, et sous la branche directe de son unique dynastie marcher toujours le premier contre les Maures qui vaincus ne purent jamais rentrer sur le territoire de ce peuple héroïque qui les avait repoussé; cette famille fit une croisade perpétuelle, croisade de la liberté dans laquelle toujours elle fut victorieuse et à laquelle le Portugal doit sa naissance et les causes de sa grandeur.

A l'extinction de cette branche illustre, nous voyons venir la dynastie d'Aviz qui commença les conquêtes et fit sillonner les mers entières par les vaisseaux du Portugal, rival alors de la terrible puissance Espagnole, résumée dans la personne de Charles Quint. Mais le dernier des rois de cette race vint en ternir l'éclat, car faible et irrésolu il laissa sa patrie à Philippe II d'Espagne, cet Empereur, chef d'une puissance colosse qui avait tremblé devant son petit mais redoutable voisin.

Mais bientôt après nous voyons la famille de Bragance réclamer à l'Espagne la couronne qui lui était due, et le Portugal avide de liberté suivre celui qui le voulait mener à la délivrance. Le peuple soumis se révolte et vient poursuivant ses conquêtes, augmentant sa gloire jusqu'à nos jours, conduit par celui qui le délivra, puis par ses descendants dont l'un est encore assis sur ce trône illustre relevé par son aïeul. Cette maison qui après avoir affranchi le Portugal, le gouverna et le gouverne encore est une des plus brillantes qui aient existé. Outre deux femmes illustres Marie I et Marie II, elle ne nous présente pas moins de dix Rois. Tous ont pris part par leur position et leur activité aux affaires de leur temps, tous ont joué un grand rôle dans la paix ou dans la guerre ; et leur biographie est d'autant plus intéressante qu'elle se mêle à l'histoire générale. Il semble qu'une même âme noble et généreuse les anima tous. Il n'est guère de famille qui ait traversé de si grands événements et qui offre par elle-même plus d'intérêt que cette illustre maison de Bragance qui est arrivée au moment où le pays allait mourir dans l'oppression, pour le sauver et le grandir de toute la hauteur de son génie, de toute la grandeur de sa race. — Cette famille avait grandi avec son pays dont elle était destinée à soutenir la marche. Elle est de celles qui peuvent mourrir mais non s'éteindre, leur gloire leur survit car faisant partie de la gloire du pays elle ne peut disparaître qu'avec la place que ce pays a occupé — place qui ne disparaîtra qu'avec le monde.

Les jurisconsultes ont prêché la royauté impériale, les prêtres, la royauté religieuse, les nobles la royauté féodale ; les rois de la dynastie de Bragance ont fait servir toutes ces convictions, toutes les ambitions mêlées parmi elles, à marcher à leur but, c'est-à-dire vers cette royauté appelée par M. Guizot la royauté moderne ; vers cette royauté qui ne se regarde ni comme héritière des Césars, ni comme issue du droit divin, ni comme la part du premier gentilhomme du pays, mais qui se considère comme la dépositaire et la protectrice de l'ordre public, de la justice générale, de l'intérêt commun. C'est sous les traits d'une grande magistrature centre et lien de la Société qu'elle s'est montrée à son peuple et s'est appropriée sa force en obtenant son adhésion. Tel a été, tel est le but des Rois de la famille de Bragance qui sont d'autant plus puissants que par leur origine ils satisfont toutes les classes de la société, héritiers des Césars ce sont les rois des jurisconsultes, héritiers des rois légitimes ce sont ceux des prêtres, premiers gentilshommes du pays ce sont ceux des nobles ; élus par les Cortès en 1640, ils satisfont le peuple ; enfin monarques justes, souverains constitutionnels ils voient se ranger autour d'eux tous ceux qui dans le Portugal ont à cœur la grandeur et la gloire de leur patrie.

Le Portugal honorera toujours dans ces princes sa plus belle famille et son plus beau nom, car le nom de Bragance est immortel comme les exploits de ceux qui l'ont porté, comme la gloire de leur patrie !

ESSAIS HISTORIQUES SUR LE PORTUGAL

CHAPITRE I

ESSAIS HISTORIQUES SUR LE PORTUGAL

CHAPITRE I

Quelques mots sur les anciens Portugais. — Position du Portugal. — Religion, mœurs, coutumes. — Tentatives des Phéniciens et des Carthaginois contre le Portugal. — Domination romaine. — Invasion des Barbares. — Suèves et Alains. — Visigoths et Arabes.

A l'Ouest de la Péninsule hispanique se trouve un pays dont les habitants diffèrent totalement et par les mœurs et par les habitudes des peuples du reste de l'Espagne. Ce pays répond à la portion de la Galice des Romains, qui se trouvait au Sud du Minius (1), à la plus grande partie de leur Lusitanie et à la province nommée par eux le Cuneus (2). Ce pays quoiqu'infiniment moins grand que celui qui forme avec lui la péninsule mérite certainement sous le rapport historique la priorité (3). Il était borné au Nord par le Minius, à l'Ouest et au Sud par la Grande-Mer (4) et à l'Est en allant du Nord au Sud par les Turdetani, Orctani, Vettones, Waccaei, Arevaci ; il était arrosé par plusieurs rivières et deux immenses cours d'eau : l'Anas (5), le Durius (6).

(1) Aujourd'hui Minho.

(2) Qui correspond exactement au royaume actuel de l'Algarve.

(3) Du reste, dans son précis de la péninsule intitulé : *Guide du voyageur en Espagne,* M. Bory de Saint-Vincent a commencé par le Portugal, M. Malte-Brun dans sa *Géographie Universelle,* a procédé de même.

(4) Aujourd'hui Océan.

(5) Aujourd'hui Guadiana.

(6) Aujourd'hui Douro.

Cette portion de la Péninsule avait été peuplée par les Callaïques ou Gallaïques (1), tribu celtique qui donna son nom à la Galice. Pêcheurs des côtes ou pasteurs des montagnes ils ne cultivaient point leur fertile pays et s'occupaient peu des richesses enfouies dans son sol. Les terres étaient réparties également, les citoyens se partageaient les récoltes, et la loi punissait de mort celui qui en détournait à son profit. Leur religion était, comme chez tous les peuples de l'antiquité, le polythéisme ; un Dieu pourtant était honoré comme plus puissant que les autres, on le fêtait tous les mois le jour de pleine lune. Leurs cérémonies religieuses étaient quelquefois souillées par des sacrifices humains : les victimes ordinaires étaient des tauraux, les prêtres

(1) De Galls ou Gaëls, en kimrique : Gaulois.

prétendaient lire l'avenir dans les entrailles palpitantes des victimes offertes. Comme l'indique leur origine ils étaient braves, aussi souvent leurs fêtes tournaient en rixes ; persuadés d'une vie future ils n'attachaient aucune importance soit à la vie d'autrui soit à la leur. Dans le combat ils étaient aussi redoutables à pied qu'à cheval, dès que leur cavalerie avait rompu les rangs ennemis, elle mettait pied à terre, se mêlait à l'infanterie et faisait des prodiges de valeur. Leur costume consistait en un sagum ou manteau de laine grossière, la couleur en était noire, car la plupart de leurs brebis étaient de cette couleur, ils portaient un bouclier rond et des cuissards de crin ; des espèces de bottes faites de poil, un casque de fer orné d'un panache rouge, et des épées larges à deux tranchants qui étaient d'une telle trempe qu'aucune armure ne leur résistait. Les femmes avaient des manteaux brodés, des colliers de fer qui portaient des branches recourbées s'abaissant sur le front et supportant l'ornement auquel elles tenaient le plus, le voile qui ombrageait leur visage. Tous les ans il y avait un Conseil de vieillards et à cette époque on décernait un prix à la meilleure ouvrière.

On se mariait à une époque déterminée, les jeunes filles choississaient librement parmi les jeunes guerriers. Le meilleur moyen d'obtenir la préférence était de présenter à sa belle la main coupée d'un ennemi qu'on avait tué.

Dans leurs festins ils buvaient une sorte d'Hydromel, le vin leur était apporté par des étrangers. Leur commerce consistait dans la vente des mulets du pays qui étaient excellents. Ils pratiquaient largement l'hospitalité et se disputaient souvent l'honneur de loger des étrangers pensant que cela attirait le bonheur sur leur maison.

A part quelques habitudes indiquant la barbarie, conséquence forcée de leurs mœurs violentes et de leur bravoure, la civilisation était assez avancée. Ils s'appliquaient aux lettres, possédaient des livres d'histoires très-anciens et des lois écrites en vers depuis un temps très-reculé.

Quand les Phéniciens, étendant leurs colonies commerciales vinrent sur leurs côtes, ils durent se contenter d'établir des comptoirs sur les endroits abandonnés des habitants qui défendaient leur liberté. Ils emportèrent les métaux qui se trouvaient en abondance dans la terre et les fruits savoureux du pays.

Vers cette époque apparaît dans l'histoire Olisippo (1) qui devint, après l'abandon des

(1) Aujourd'hui Lisbonne, il est vraisemblable qu'elle

Phéniciens anéantis, la capitale du pays; Ebora (1) était aussi fondée.

Plus tard, les Cartaginois, étendant leurs colonies commerciales, abordèrent sur les côtes d'Iberie (2), mais il ne furent pas plus heureux que leurs prédécesseurs et durent se contenter de faire commerce et d'établir des entrepôts dans ce pays qu'ils avaient cru conquérir. Mais bientôt après Rome détruisit Carthage. Les Romains, poussant leurs conquêtes, vinrent jusqu'aux frontières d'Iberie, les habitants de ce pays, jusque-là indépendants, voulurent sauver leur liberté et prirent les armes, mais ils furent battus à Olipa; loin de se décourager, ils formerent une grande ligue Lusitano-Vaccéenne

fut fondée par les Phéniciens, la légende dit pourtant qu'elle fut bâtie par Ulysse qui lui donna son nom.

(1) Aujourd'hui Evora.

(2) Aujourd'hui Péninsule hispanique.

contre les Romains, et luttèrent 12 ans (190 à 178); abattus, écrasés, ils restèrent quelques temps sans combattre, mais en 153 ils recommencèrent la Guerre de l'Indépendance.

Sergius Galba prêteur en Lusitanie fit un jour massacrer 30,000 Gallaïques. Un jeune pâtre Viriathe échappé au massacre voulut venger ses frères, il leva l'étendard de la révolte (149), le sort lui fut favorable, il battit quatre consuls : E. Vetilius (149), C. Plautius (148), Cl. Unimanus (147), et Nigudius Figulus (146), défait par Fabius Emilianus (144), il reprit sa revanche sur Fabius Servilianus (141), qu'il fit prisonnier et auquel il ne rendit la liberté qu'après un traité de paix conclu, dans lequel il était dit, chose humiliante pour Rome : il y aura paix entre Viriathe et le peuple Romain.

Scipion prit alors le commandement de

l'armée Romaine ne pouvant se débarasser de Viriathe toujours vainqueur, il gagna deux officiers de Viriathe qui l'égorgèrent dans sa tente, suivant l'usage favori de Rome, la veille d'un combat, peut-être la veille d'une victoire (140). Ce hardi soldat avait combattu neuf ans. Avec lui disparut l'indépendance de la Lusitanie qui devint province Romaine (137). Ainsi, ce petit pays coûta plus de temps à soumettre que la terrible Gaule qui avait étendu par tout le monde ses colonies guerrières.

Annibal avait effrayé Rome comme le fit Viriathe qui fut avec le terrible Carthaginois, le plus redoutable ennemi de la république.

Jusqu'à l'invasion des barbares ce pays resta colonie Romaine. Pendant cette domination Olisippo fut appelée Felicitas Julia, Evora nommée Liberalitas Julia. Les Romains fondèrent Scalabis (1), Conimbriga (2). Mais enfin la puissance Romaine s'écroula, les barbares envahirent son territoire, alors pénétrèrent dans la péninsule les Suèves unis aux Alains, conduits par leur roi Hermanric (409); ils fondèrent un royaume qui s'étendit sur la Lusitanie, royaume éphémère, en effet les Visigoths, conduits par Vallia, les défirent (480); Vallia règna sur l'empire Visigoth qui se fonda à côté de celui des Suèves jusqu'en 419. Les Suèves toujours vaincus furent obligés de quitter la péninsule, la plus grande partie suivit leur roi Genséric en Afrique.

Léorigilde élu roi des Visigoths (572), détruisit (575) les ruines de la domination Suève; il mourut l'année suivante. Un de ses successeurs Suintilia (621 à 631) chassa

(1) Aujourd'hui Santarem.
(2) Aujourd'hui Coïmbre.

le reste des Grecs et des Romains (625); enfin Roderic (710 à 711) vit son empire détruit par les Arabes. Néanmoins les Visigoths restèrent dans la péninsule où ils formèrent de petits Etats catholiques, en effet, ils avaient embrassé le Christianisme.

Les Arabes s'emparèrent (716) de Lisbonne qui, sous leur domination, prit une grande importance; ils y restèrent longtemps, le gouvernement était le Kalifat de Cordoue, ils furent chassés par les Maures avec lesquels ont les confond souvent, quoique ce furent deux empires successifs et distincts.

Les petits Etats chrétiens formés par les restes de la puissance des Visigoths, par les guerres incessantes qu'ils firent aux Maures diminuèrent bientôt l'étendue des conquêtes des derniers envahisseurs, en s'agrandissant (1094).

Ici finit ce que nous pourrions appeler les temps antiques du Portugal ; jusqu'alors ce pays quoique bien distinct par le caractère même de ses habitants, voit son histoire nécessairement mêlée par les événements et par le peu de documents qui nous sont parvenus à l'histoire générale des habitants de la péninsule. Maintenant commence la vie propre du Portugal qui se détache nettement autant par sa situation politique que par son caractère national, de tous les peuples qui l'entourent.

CHAPITRE II

CHAPITRE II

Henri de Bourgogne en Portugal. — Brillants débuts des Portugais. — Alphonse. — Fondation du Royaume de Portugal. — Denys. — Fondation de l'ordre du Christ. — Etablissement de la marine Portugaise. — Alphonse. — Inès de Castro. — Pèdre I. — Etat du Portugal.

A cette époque, Alphonse de Castille guerroyait contre les Maures. Un chevalier Français, Henri de Bourgogne, à la tête de chevaliers errants, vint lui proposer ses services contre les infidèles; pour prix de sa bravoure il obtint la main de Thérèse, fille naturelle du roi (1095), et le Comté de Portugal (1) composé des pays compris entre le Minho et le Tage, mais encore occupé par les conquérants. Il fut obligé de conquérir son fief et mit cinq ans à en chasser les Maures (1095 à 1100).

(1) Le nom de Portugal viendrait, suivant quelques auteurs, de : Porto-Gallo (Port Français), ville dans laquelle s'établirent Henri de Bourgogne et ses compagnons, et qui porte aujourd'hui le nom d'Oporto ou de Porto. Selon d'autres, il existait à l'embouchure du Douro, un bourg nommé Cale, aujourd'hui Gaya, dans la suite on bâtit vis-à-vis de Cale, un port français qui reçut le nom de Portucale (Port de Cale) et qui devint la ville de Porto dont Gaya ou Cale est le faubourg. C'est de ce nom de Portucale que celui de Portucalio fut donné aux provinces actuelles du Minho et de Tras-os-Montès, et dans la suite à tout le royaume. Le plus ancien titre ou le nom de Portugal ait été employé est de l'an 1069. On le conserve soigneusement dans le monastère d'Arsun.

Tableau généalogique de Henri de Bourgogne, de père en fils :

Pépin d'Héristal, maire du palais d'Austrasie.

Childebrand (1), maire du palais.

Robert-le-Fort, comte de Paris, duc de France.

Hugues-le-Grand, comte de Paris, duc de France.

Hugues-Capet, roi de France.

Robert II, roi de France.

Robert, dit le Vieux, duc de Bourgogne.

Henri de Bourgogne, comte de Portugal.

(1) Quelques écrivains ont mis en doute l'existence de Childebrand et prétendant que Robert-le-Fort était Saxon d'origine; et qu'il fit fortune à la Cour de France. Dans cette dernière hypothèse c'est lui qui est le chef de la famille.

Une fois comte souverain, Henri défendit ses Etats avec le même courage qu'il les avait conquis. Son règne ne fut guère qu'une longue croisade contre les Musulmans. Il établit autour de lui les chevaliers Français qui l'avaient accompagné, ce furent les premiers nobles du royaume naissant. La langue se sentit des nouveaux hôtes du pays et s'assimila quelques mots apportés par les Français. Henri, vrai chevalier, fit fleurir la religion ; il alla combattre en Palestine (1103), et il se conduisit vaillamment ; à son retour il recommença la lutte contre les Maures quand la mort vint l'arrêter au milieu de ses victoires au siége d'Astorga (1112). Henri laissait son titre de comte à son fils Alphonse âgé de trois ans, et la régence à sa veuve Thérèse de Castille ; mais cette femme dissolue se laissa aller à toutes les débauches, aussi ambitieuse que pervertie, elle ne voulut point rendre à son fils le pouvoir; celui-ci, remplit de qualités, attaqua les partisans de sa mère, les vainquit en bataille rangée à Saint-Mamète, près Guimaraens (1128), et prit le pouvoir qui lui était dû et qu'on lui disputait; la reine mourut deux ans après sa défaite. Maître des possessions paternelles, Alphonse les étendit par des conquêtes dans l'Estramadure et l'Alemtejo, et défit à la bataille d'Ourique ou Castro-Verde cinq chefs Musulmans (1139), son armée enthousiasmée le proclama roi. Il réunit les premières Cortès du royaume (1143) à Lancego, les Cortès lui confirmèrent son titre de roi. Continuant ses courses victorieuses il vainquit les Maures et leur prit Santarem (1147), Lisbonne, au siége de laquelle il fut aidé par une armée de croisés du Nord (1147), Evora (1166), et mérita le surnom de el Conquistador *(le Conquérant)* que son peuple lui donna. Délivré des Maures, il se tourna du côté du royaume de Léon, prit Elvas, mais fait prisonnier au siége de Badajoz, Ferdinand ne lui rendit la liberté que lorsqu'il eut voulu consentir à abandonner toutes les conquêtes qu'il avait faites sur les Chrétiens. De retour dans ses états il établit la législation de la royauté dont il est le fondateur. Le pape Alexandre III l'avait reconnu roi (1689). Il ne prit les armes accompagné de son fils Sanche que pour remporter une dernière victoire celle de Santarem sur Yacoub, chef des Almonhades, celui-ci vaincu fut forcé de s'éloigner du Portugal (1184). Alphonse mourut l'année suivante à 75 ans; son fils Sanche I, qui s'était distingué contre les Almonhades conquit une partie des Algarves, mérita le surnom de el Poplador (*le Colonisateur*) par sa sollicitude pour ses sujets qui émigraient vers ses nouvelles conquêtes et mourut (1211) laissant sa couronne à son fils après un règne peu éclatant éclipsé un peu par le précédent. Son fils Alphonse II, dit le Gros, lui succède à l'âge de 26 ans. Sous son règne les Portugais alliés aux Espagnols remportèrent sur les Almonhades, qui dominaient en Espagne, la grande victoire de las Navas de Toloso; alliés aux Croisés, ils prirent l'importante place d'Alcacer do Sal (1217). Ce prince fit rédiger un code de lois; par un édit il voulut que l'exécution n'eut lieu que 20 jours après la sentence de mort; ce laps permettait aux Seigneurs qui avaient pleins pouvoirs sur leurs justiciables de laisser passer leurs colères. Il promulgua aussi plusieurs lois pour protéger les droits civils des citoyens; mais quelques-unes qui restreignaient les immunités de l'Eglise, le brouillèrent avec le clergé. Il mourut après un règne de 12 ans (1223). Son fils aîné lui succéda sous le nom de Sanche II Capello (au capuchon); mais prince débauché, tyran farouche, il froissa les Portugais et les Cortès le déposèrent solennellement (1245) d'accord avec le pape Innocent IV. Son frère Alphonse fut déclaré Régent. Trois ans après à la mort de Sanche II, il fut nommé roi sous le nom de Alphonse III. Le royaume des Algarves, en partie arraché aux Almonhades par Sanche I, était retombé au pouvoir de ces derniers, il en entrepris la conquête et l'acheva en quatre ans (1249-1253). La fin de son règne fut troublé par ses différents avec la Cour de Rome. Il avait irrité le clergé en épousant une seconde femme quand sa première, qu'il avait répudiée, existait encore; mais après avoir ainsi mal disposé l'Eglise en sa faveur, il voulut en restreindre les immunités, aussi fut-il frappé de plusieurs excommunications. A sa mort (1279) son fils Denys, âgé de 18 ans, lui succéda. Ce prince fit avec avantage la guerre contre la Castille et l'Aragon soutenant les droits méconnus des enfants de Lara. Il embrassa avec chaleur la cause des Templiers soutenant leur innocence; les chevaliers Portugais étaient du reste restés irréprochables. Après la destruction de l'Ordre, il en accueillit les débris et les admit dans un ordre nouveau, qu'il créa sous le nom d'Ordre du Christ (1). Le pays dut

(1) Cet ordre religieux militaire était destiné à défendre les frontières des Algarves contre les invasions des infidèles. Il brilla longtemps par la valeur de ses membres et jouit d'une réputation légitimement acquise. Aujourd'hui c'est un ordre purement honorifique dont le Roi est le grand Maître. Il peut être conféré aux étrangers comme aux Portugais. Il n'y a que trois grades : chevalier, commandeur et grand-croix. Le ruban est rouge et la croix est une croix latine d'or émaillée en vert avec une croix de même forme émaillée blanc au milieu. Le chevalier la porte à la

beaucoup à ce prince ; il créa la marine du pays, marine qui devait plus tard devenir si illustre. Poète, il fit beaucoup pour les lettres et créa à Coïmbre la première Université du pays (1291). Il accorda à ses sujets des chartres qui protégèrent le peuple contre les nobles ; il protégea les campagnes, améliora l'agriculture, augmenta le pouvoir de la royanté en diminuant celui des nobles dont il restreignit les priviléges ; augmenta les revenus du pays par une exploitation meilleure des mines d'or et de fer ; enfin il mérita bien les surnoms qui lui furent donnés pour sa protection aux campagnes de *Roi Laboureur*, pour ses chartres de ***Roi Libéral***, pour ses universités, sa marine, ses

boutonnière attachée directement au ruban ; pour les commandeurs et les grand-croix la croix se porte attachée au ruban par l'intermédiaire d'une couronne ; les commandeurs portent le ruban au cou et les grand-croix en sautoir.

victoires, pour les ressources nouvelles qu'il créa au pays de *Père de la Patrie*, il fut, du reste, secondé dans sa noble tâche par la reine Elisabeth, depuis canonisée, qui mérita le surnom de *Patronne des Laboureurs*. Le règne de ce roi si sage et qui fit tant pour son pays fut troublé par les révoltes fréquentes de son fils, prince turbulent qui lui succéda à sa mort (1325) qu'il avait hâtée par ses rébellions. Ce roi qui succéda à un si bon prince avait un caractère bien opposé à celui de son père. Il fut l'ennemi acharné de ses frères et le tyran de ses enfants. Sa bravoure, il fut du reste appelé Alphonse *le Brave*, servit sa cruauté. Il fit longtemps la guerre à son gendre Alphonse XI de Castille et ne se réconcilia avec lui que lorsque le Portugal fut menacé par une invasion des Merinides du Maroc. Il s'allia alors avec son gendre et défit les Maures à la célèbre bataille du Tarifa ou du Salado, ce fait est, du reste, le seul honorable de son règne. Il persécuta Alphonse Sanche son frère, et fit le malheur de son fils don Pèdre. Ce dernier pris d'une violente passion pour Inès de Castro, femme d'une beauté remarquable, qui partageait son amour, l'épousa en secret. Le roi instruit de cette union voulut la faire rompre; ne pouvant se faire obéir de son fils, il fit égorger Inès (1355). Le jeune prince se révolta, mais fit sa soumission et monta peu après sur le trône laissé vaquant par la mort de son père (1357). Ce prince n'avait pas oublié son amour ni abjuré la vengeance; son premier soin, en montant sur le trône, fut de poursuivre les assassins d'Inès. Il fit exhumer son corps, le fit recouvrir d'insignes royaux et voulut qu'on rendit au cadavre les honneurs qu'on aurait dû rendre à la vivante. Il fit poursuivre tous ceux qui avaient pris part au meurtre, menaçant de guerre les rois voisins qui refusaient de livrer les réfugiés et une fois qu'il eut en son pouvoir les assassins il leur fit arracher le cœur et les yeux (1). Il faut certainement attribuer au tragique dénouement de ses amours la bizarrerie de caractère qui nous le montre tantôt sévère jusqu'à la barbarie, toujours disposé à voir un coupable dans un accusé, inflexible dans ses jugements, trainant un bourreau à sa suite, et se chargeant même en personne de l'exécution; tantôt d'une gaîté folle, et dansant publiquement nuit et

(1) Les amours de don Pèdre et d'Inès de Castro sont connues en Portugal et par le monde comme celles de Laure et Pétrarque, de Béatrix et du Dante, d'Héloïse et d'Abailard. Le Camoëns a, sur les amours de don Pèdre, écrit les plus beaux vers de ses Lusiades. Un poète Portugais : Ferreira et beaucoup de poètes étrangers ont chanté ces amours aussi illustres que malheureuses.

jour dans les rues. A part ces excès qui l'ont fait flétrir du nom de *Cruel,* il fut bienfaisant et juste quoique sans pitié. Il protégea le peuple contre l'aristocratie dont il abaissa l'orgueil, économe et généreux tout à la fois il put réduire les impots, il abrégea les formalités judiciaires, fut pour les juges un surveillant sévère, aussi le nom de cruel fut-il, sur la fin de son régne, changé en celui de *Justicier*. Quoiqu'il en soit, il fut à sa mort arrivée à l'âge de 47 ans (1367), justement regretté par ses sujets à cause de l'ordre dont le Portugal avait joui sous son régne. Son fils Ferdinand, âgé de 27 ans, lui succède. Seul descendant légitime de Sanche IV de Castille, il disputa sans succès le trône de ce pays à Henri II de Transtamare et à son fils Jean I. Il s'unit pour cette guerre au duc de Lancosta qui, ayant épousé une bâtarde de Pierre le Cruel, élevait des prétentions. La guerre se termina (1383) par le mariage de Jean I avec la fille unique du roi de Portugal, Béatrix. Ferdinand resta dès lors dans ses Etats ; mais il se déshonora aux yeux de ses sujets en épousant, après l'avoir enlevée à son mari, Laurent Velasquez d'Acunha, Eléonore Tellez de Menezez. Cette femme, artificieuse et cruelle, se souilla bientôt d'un fraticide et d'un adultère. Ferdinand, voyant sa faute, s'évertua à reconquérir l'estime de ses sujets, il y parvint en partie par ses travaux ; en effet, il encouragea l'agriculture, fortifia les places et augmenta la marine. Le Portugal était prêt pour les grandes découvertes qu'il allait entreprendre. Ferdinand mourut (1383) n'ayant pour enfant que sa fille Béatrix mariée au roi de Castille. Avec lui finit la branche directe de la famille de Bourgogne.

Nous avons vu, depuis Henri de Bourgogne, le Portugal prendre une vie à part (1095), et devenir vraiment un Etat indépendant qui ne fut un royaume qu'en 1139. Les Portugais, dans cette période de formation, prennent une grande part à la croisade permanente de la Péninsule contre l'islamisme et les Maures chassés par Henri de Bourgogne ne peuvent jamais entrer dans ce petit royaume qui les arrête à ses frontières quand ils ravagent l'Espagne. Le Portugal s'occupe de s'agrandir, de réunir en un seul royaume tous les peuples de même caractère et de même valeur. Bientôt il s'augmente de l'Estramadure, de l'Alemtijo, de Lisbonne, des Algarves (1253), et alors il possède la limite qu'il a encore. Nous voyons en même temps la constitution se former, la royauté s'établir ferme en se reposant sur le peuple qu'elle tâche d'élever à côté de la noblesse qu'elle essaie d'abaisser, pour que l'un ne vive pas au détriment de l'autre. Nous voyons aussi les Cortès réunies à Lamego (1143) composées du Clergé, de la noblesse, des députés des villes et des bourgages proclamer le Portugal royaume indépendant, le déclarant héréditaire même pour les femmes à la condition d'épouser un Seigneur Portugais qui ne prendrait le titre de roi qu'après la naissance d'un enfant mâle. Ces Assemblées, irrégulièrement convoquées, ont un pouvoir immense et respecté, nous les avons vues en effet déposant les rois qui avaient démérité et élevant le plus digne.

Rois de la maison de Bourgogne

BRANCHE DIRECTE

Comté (1095-1139). Royaume (1139).

Henri de Bourgogne, comte (1095).
Alphonse I, comte (1112), roi (1139).

Sanche I, roi (1185).
Alphonse II, roi (1211).
Sanche II, roi (1223).
Alphonse III, roi (1248).
Denys I, roi (1279).
Alphonse IV, roi (1325).
Don Pedre I, roi (1357).
Ferdinand I, roi (1367).

CHAPITRE III

CHAPITRE III

Tentatives du roi de Castille sur le Portugal. — Victoire d'Aljubarrota. — Expéditions maritimes. — Découverte de Porto-Santo, de Madère, des Açores. — Régence de Don Pedro. — Alphonse l'Africain. — Diaz, Emmanuel. — Albuquerque. — Vasco de Gama. — Jean III. — Destruction de Lisbonne. — Voyages au Japon, en Chine. — Sebastien. — Henri le Cardinal.

Le roi Ferdinand ne laissait en mourant qu'une fille, Béatrix, déjà mariée au roi de Castille, Jean I; à la mort de son frère, son mari vint en son nom pour faire valoir ses droits à la couronne de Portugal; mais le peuple voyait avec peine une reine qu'il considérait comme étrangère venir s'asseoir sur le trône, il sentait trop le danger qu'il y avait pour le Portugal, petit pays énergique il est vrai, mais royaume depuis peu et n'ayant pas, par suite, eu le temps d'établir réellement sa forte nationalité, en apparence du moins, car elle l'était au fond. Les Cortès du reste avaient bien prévu les répugnances de la nation lorsqu'elles déclarèrent la couronne héréditaire pour les femmes mariées à des Seigneurs Portugais (1143). Profitant de ces circonstances, le maître de l'ordre d'Avis, homme énergique, fils naturel de Pierre-le-Justicier, invita le peuple à la résistance; il fit tuer le comte Andeiro, amant de la reine Éléonore Tellez, et força cette dernière, que ses débordements avaient rendu odieuse, à prendre la fuite, il fut alors nommé défenseur de la patrie (1383); il continua bravement son rôle, ce qui fit que les enfants d'Inès de Castro qui avaient autant de droits que lui à la souveraineté furent écartés du trône et que les Cortès lui donnèrent solennellement la couronne (1385), il fut roi sous le nom de Jean I.

Le roi de Castille ne pût empêcher, avec son armée, ce fait qui faisait perdre à sa femme un trône qui devait plus tard être si glorieux; la lutte ne fut pas heureuse pour lui et l'année du couronnement du roi Jean il fut vaincu à Aljubarrota, cette défaite terrible mit fin aux prétentions du roi. Un régne si bien commencé se termina d'une façon plus brillante encore; le roi alla attaquer les Maures jusque chez eux; il leur prit Couta (1415) et Tanger (1437); l'infant Henri, quatrième fils du roi, né en 1394, se distingua dans ces deux expéditions, et de retour dans sa patrie, il contribua puissamment, par son génie, à faire donner à son père le surnom de *Grand* que le peuple lui décerna. Il excita les Portugais aux expéditions maritimes, et ce peuple s'y livra avec ardeur. Henri appela autour de lui tous les marins et les gens experts de la navigation et des cartes plates; on lui attribue l'invention de l'astrolabe. C'est à lui que furent dues les découvertes qui illustrèrent le règne de son père; c'est en effet sous son inspiration et avec ses conseils que partirent les marins qui découvrirent Porto-Santo (1418), Madère (1419), quelques Açores (1432); il reçut du peuple le surnom de *Navigateur*.

Son père, le roi, mourut après avoir fait rédiger un code de lois Romaines (1433); il était le fondateur de la seconde maison de la branche de Bourgogne, la maison d'Avis, son fils Edouard lui succéda ; sous son règne les Portugais, toujours conseillés par Henri-le-Navigateur, firent encore de nouvelles découvertes : quelques-unes des Açores (1433-1438) et le cap Bojador (1433-1434). Le roi demanda au pays, qui le lui refusa (1436), le droit de conquête sur les Canaries, il entreprit une expédition contre Tanger, en Afrique ; mais l'armée fut détruite, et l'infant Ferdinand, son frère, qui la commandait, fut fait prisonnier par les Maures. A l'intérieur, son administration fut très-heureuse ; il mit de l'ordre dans les finances épuisées par de longues guerres, rétablit la discipline dans l'armée, abrégea les procédures, fit des lois somptuaires, protégea le commerce, les sciences et les lettres ; il composa un traité sur les obligations de l'amitié et fit avec le jurisconsulte Juan de Regras un code sur l'administration. Il autorisa son frère, Henri-le-Navigateur, à fonder une sorte d'école nautique à Sagres, près du cap Saint-Vincent (1438). Cette même année la peste vint fondre à Lisbonne, et le roi mourut de ce terrible fléau à l'âge de 37 ans (1438). Le fils du roi Alphonse lui succéda à l'âge de 6 ans, il eut pour tuteur son oncle Don Pedro. Sous son règne, les Portugais firent encore, toujours sous l'impulsion de Henri-le-Navigateur, de belles découvertes : les dernières des Açores (1438-1450), le cap Blanc (1441), le cap Vert (1447); ils avaient même pénétré jusqu'en Guinée quand la mort vint enlever (1463) celui qui fut le père de la marine Portugaise. Pendant la minorité du roi, le régent gouverna avec une rare sagesse le royaume, le roi épousa même sa fille; parvenu à sa majorité, le roi se mit à gouverner par lui-même (1447), il prêta l'oreille aux infâmes calomnies dirigées contre le régent; celui-ci fut forcé de prendre les armes pour mettre sa vie en sûreté, mais il fut vaincu à la bataille d'Alfarrobeira, qui prit son nom d'un ruisseau qui se trouve près de Lisbonne et à côté duquel elle fut livrée (1449). Le roi, essentiellement soldat, porta la guerre en Afrique, ce fut même là qu'il passa la plus grande partie de sa vie, d'où son surnom d'*Africain*, il remporta plusieurs victoires sur les Maures et leur prit Arzile et Tanger (1471). Il guerroya aussi en Europe, mais il fut moins heureux, il voulut soutenir, en Castille, sa nièce Jeanne, dite la Beltranejo, contre Isabelle et Ferdinand; après une guerre mêlée de succès et de revers, il fut définitivement vaincu à Toro (1476), ce qui le fit renoncer à ses prétentions, ce qu'il fit réellement trois ans après (1479). Comme son prédécesseur il fut enlevé par la peste

(1481), qui vient de nouveau ravager le Portugal. Il avait fondé dans la Guinée, explorée par les Portugais, de vastes établissements. Son fils, âgé de 36 ans, lui succéda sous le nom de Jean II. Son règne fut troublé par des conspirations, mais inplacable jusqu'à la cruauté pour les grands vasseaux rebelles, les conspirateurs payèrent de leur vie, entre autres le duc de Bragance, de la famille royale (1483); le roi poignarda de sa main le duc de Viseu, frère de la reine, qu'on voulait mettre sur le trône (1484). Le roi, non content de défendre avec vigueur les possessions de la côte Nord d'Afrique, excita à des découvertes nouvelles; il fut puissamment secondé par les hommes illustres qui conduisirent ses flottes : Diego Cano qui découvrit les royaumes de Benin et du Congo (1484), Barthélemy Diaz qui explora le cap des Tempêtes (1486) qui fut par le roi nommé Cap de Bonne-Espérance; ce prince eut le tort de rejeter les offres de Christophe Colomb. Jaloux de fortifier sa puissance, réunit à la couronne la Grande Maîtrise des ordres militaires, ne convoqua que trois fois les Cortès; il abaissa la noblesse et retira aux Seigneurs le droit de vie et de mort qu'ils avaient sur leurs justiciables; cette mesure améliora le sort des classes populaires auxquelles le roi s'intéressa toujours, aussi fut-il, par le peuple, nommé le prince parfait; il fut en outre un ami des lettres et des arts; il mourut après quatorze ans de règne (1495) sans laisser d'enfants. Le cousin du roi, Emmanuel, duc de Béja, petit-fils par son père le duc Ferdinand de Viseu, lui succéda sur le trône à l'âge de 26 ans. Il fut comme son prédécesseur le promoteur des expéditions maritimes; voulant épouser une fille de Ferdinand le Catholique, il ordonna comme lui l'expulsion des Juifs (1496) et épousa Isabelle (1497). Pendant ce temps, Vasco de Gama (1) doublait le cap de Bonne-Espérance et arrivait aux Indes (1498) où il établit les bases de la domination Portugaise. Le roi devint veuf et pour plaire à son beau-père persécuta les juifs convertis ; il obtint de Ferdinand le Catholique la main de sa seconde fille Marie (1500), mais le roi n'oubliait pas les conquêtes maritimes et Cabrol découvrait le Brésil (1500) et Cortereal reconnaissait les côtes Nord-Est de l'Amérique (1500); Almeïda (1595-1508), Alphonse d'Albuquerque (1508 - 1515) établissaient aux Indes la domination Portugaise en prenant

(1) Les exploits de Gama ont été chantés par les poètes de tous les pays, les Lusiades du Camoëns les ont célébré, et ils font le livret d'un grand opéra français : l'Africaine.

Goa et Malacca qui furent prises en 1511); a l'intérieur les sévices du roi contre les Juifs autorisant la foule, 2,000 de ces malheureux furent massacrés à Lisbonne (1506); le roi, appitoyé sur leur sort, les vengea par des exécutions sévères, et leurs coréligionnaires furent dès lors placés sous la loi commune (1507). Figueira s'emparait de Sumatra (1510). Le roi n'oubliait pas l'administration intérieure au milieu de ces conquêtes. Il augmenta la puissance royale, compléta les institutions du royaume par la publication du code Manvelino, fut vingt ans sans convoquer les Cortès, et par la création de nouveaux magistrats pour présider les Conseils municipaux, mit les villes sous la dépendance du trône, comme Jean II y avait mis l'aristocratie. Il fit fleurir les lettres et les sciences et ouvrit beaucoup d'écoles publiques. Il bâtit le palais de Belem et fonda le monastère y attenant où sont les tombeaux des rois de Portugal. Il sut demeurer en paix avec toute l'Europe, et à la fin de son règne conserver, entre François Ier et Charles-Quint, une difficile neutralité. Le roi mourut (1521) deux ans après avoir épousé Eléonore, fille de Jeanne-la-Folle. Ce roi remarquable avait reçu de ses sujets les surnoms de Grand et de Fortuné. Son règne, un des plus brillants qui se soient vus dans l'univers doit marquer dans l'histoire du Portugal. Ce pays regorgeait de richesses, devenu une puissance morale de premier ordre, il avait l'Espagne seule pour rivale. Les Portugais eurent le tort de négliger l'agriculture pour les richesses du Nouveau-Monde. Le fils d'Emmanuel lui succéda sous le nom de Jean III, il avait alors 19 ans. Le Portugal, arrivé un moment à une puissance étonnante pour un grand pays, incroyable pour une si petite nation, allait perdre sa force et son éclat ; sa grandeur même lui nuisait. Le jeune roi, bien qu'ardent, n'avait pas le génie de son père, il fit la faute d'établir l'Inquisition dans son royaume (1536); il appela les Jésuites (1540) auxquels il accorda une grande influence et de riches dotations. Il eut le malheur de voir Lisbonne renversée par un tremblement de terre qui détruisit 30,000 personnes (1531) et le Tage débordé faire d'affreux ravages. Le roi s'efforça de réparer ces calamités. Comme ses prédécesseurs, il favorisa le commerce et la navigation ; il fut secondé par Jean de Castro qui administra les Indes dans lesquels François-Xavier était comme missionnaire. Sous le règne de ce roi, les Portugais découvrirent le Japon (1542), établirent des établissements à Macao, en Chine (1557), et commencèrent la colonisation du Brésil. Le roi rendit aux Maures les places conquises au nord de l'Afrique, sauf Ceuta et Tanger. A l'intérieur, le roi gouverna sagement, il rétablit l'université de Coïmbre et appela pour la diriger le célèbre André Gouvea. Le roi meurt (1557) en laissant son trône à son petit-fils Sébastien, alors âgé de trois ans. La régence fût exercée par sa grand'-mère Catherine, sœur de Charles-Quint, en 1562 elle fut confiée au cardinal Henri, oncle du roi et troisième fils d'Emmanuel-le-Fortuné, enfin Sébastien régna par lui-même à l'âge de 14 ans. Animé d'une grande piété, mal dirigé par les Conseillers Jésuites dont il s'entourait et par un fougueux amour de la gloire qui ne laissait place à aucune autre passion, il voulut marcher contre les Infidèles; le perfide Philippe II, son oncle maternel, veut, en le détournant, peut-être en apparence, l'encourager encore par une feinte admiration, l'envoi du casque de Charles-Quint et de quelques troupes espagnoles. Le jeune roi fit contre les infidèles, auxquels il voulait enlever l'Afrique, une première expédition sans résultat (1574); appelé par Muley-Mohammed-el-Montasser à qui son frère, Muley-abd-el-Mélek, avait enlevé le Maroc, il partit avec une petite armée et débarqua à Tanger (1578); il livra, à Alcazar-Kébir, une sanglante bataille où, après s'être conduit en général imprudent et inhabile, et en soldat héroïque, il disparut dans la mêlée (1578). Un page, dit-on, le reconnut parmi les morts. Son oncle, Henri, troisième fils du roi Emmanuel, archevêque de Braga et d'Evora, cardinal, et alors légat du Saint-Siége, qui avait exercé la régence six ans pendant la minorité de Sébastien, fut appelé au trône. Ce roi se fit remarquer par sa sagesse et sa justice : il fonda des hospices et écoles, mais il fut faible et irrésolu, influencé par Philippe II, il n'osa pas, faute impardonnable, se choisir un successeur, il mourut (1580) laissant abandonné l'illustre trône du Portugal que son colossal voisin de la maison d'Autriche convoitait après avoir tremblé. Ainsi finit cette famille d'Avis, si grande, qui avait rendu le Portugal si illustre, qui avait vu sous son règne le Portugal découvrir tant de pays nouveaux et fonder des colonies partout l'univers. La royauté s'était agrandie aux dépens de la noblesse et des Cortès, et les richesses du Nouveau-Monde vinrent combler les Portugais qui, malheureusement, abandonnèrent l'agriculture autrefois si florissante. La gloire littéraire ne manqua pas non plus à cette brillante époque.

DYNASTIE DE BOURGOGNE

Tableau des Rois de la branche d'Avis

Jean I (1385).
Edouard (1433).
Alphonse V (1438).
Jean II (1481).
Emmanuel (1495).
Jean III (1521).
Sébastien (1557).
Henri (1578).

CHAPITRE IV

CHAPITRE IV

Domination de l'Espagne. — Etat d'affaiblissement et de marasme du Portugal à la fin de la domination Espagnole. — Arrivée du duc Jean de Bragance. — Origine de la famille, filiation depuis les temps les plus reculés. — Affranchissement du Portugal. — Le duc Jean proclamé roi sous le nom de Jean IV.

A la mort de Henri, dit le Cardinal, la branche d'Avis se trouvait éteinte et la couronne de Portugal sans maître. Philippe II d'Espagne, ce roi que des héritages successifs avaient amené à tenir sous son sceptre l'Allemagne, l'Espagne, les Pays-Bas et l'Amérique conquis, voulut s'emparer de la couronne laissée par Henri. Il prétendait avoir des droits par sa mère, Isabelle de Portugal. La France s'opposa à ses prétentions, mais trop occupée chez elle, elle ne put défendre les Portugais contre lesquels tout se tournait. Peuple de 3,000,000 d'habitants, il avait 15,000,000 de sujets dans ses colonies ; celles-ci ne demandaient qu'à s'affranchir, les Hollandais révoltés contre Philippe II, qu'à s'en emparer, et ce roi qui possédait le plus grand empire qui ait jamais existé voulait occuper le Portugal, comptant sur l'énergie de ses nouveaux sujets pour relever les Espagnols amollis.

Le Portugal ne pouvait certainement pas vouloir d'un roi réellement étranger, lui qui n'avait pas voulu de Béatrix, fille de ses rois légitimes, parce qu'elle avait épousé le roi Ferdinand d'Espagne.

Philippe II était du reste peu sympathique à ses sujets que sa rigueur avait fait soulever dans les Pays-Bas qui venaient de s'affranchir de son joug. Mais le Portugal, laissé sans chef par la faiblesse de Henri, ne pouvait se défendre d'une façon avantageuse, Philippe II plaça une nouvelle couronne sur sa tête (1680). Le Portugal n'était plus un royaume, il ne fut plus alors qu'une province Espagnole.

Philippe III, son fils, lui succéda (1598), quoique moins austère et moins rigide que son père il ne sut pas se conquérir l'amitié des Portugais qui sentaient bien qu'ils étaient pour l'Espagne un pays conquis. Ce roi perdit plusieurs provinces et ne fut pas heureux dans ses tentatives de conquêtes. L'Espagne en décadence ne pouvait arrêter sa chute. Cette puissance qui avait cru un instant mettre le monde entier sous le sceptre de ses rois, allait s'écrouler; le colosse fondé par Charles-Quint allait se briser. Cette effroyable débâcle commença sous Philippe IV qui succéda à son père (1621). L'orgeuil des Portugais était à bout, et malgré la redoutable puissance de son dominateur, malgré leur affaiblissement, ils voulurent reconquérir leur indépendance.

En effet, pendant la domination Espagnole, la marine Portugaise avait été totalement ruinée. Les Espagnols, ayant vu dans cette nation une rivale puissante, avaient fait tout ce qui était en leur puissance pour affaiblir ce peuple de braves qui les avaient fait trembler. La redoutable Espagne s'anéantissait et laissait reprendre aux Portugais leur ancienne puissance en tentant de paralyser leurs efforts qui leur auraient certainement permis de tenir tête à ses nouveaux rivaux les Hollandais, qui allaient conquérant les colonies que les Portugais abandonnaient pour lutter contre l'Espagne.

Les Hollandais en révolte contre Philippe II allèrent partout sur les brisées des Portugais, les firent chasser du Japon, leur firent perdre les Molluques, une foule de possessions en Asie et allaient leur enlever le Brésil quand cette noble nation se souleva.

La langue Portugaise elle-même avait subi les atteintes de la domination : l'Espagnol avait introduit dans cette langue si douce et si pure, ses sons gutturaux et rudes.

Le despotisme, en arrêtant l'essor du génie, en réprimant l'élan des pensées grandes et généreuses; la bassesse, en substituant le langage de la flatterie à celui de la vérité, avaient abruti le peuple et corrompu le langage et les mœurs.

Ainsi, la marine était anéantie, le commerce ruiné, l'armée débandée, les colonies perdues, le peuple asservi, les hommes de génie emprisonnés, voilà où en était réduit le Portugal.

Son dominateur était riche, il avait une foule de colonies dans l'Amérique et dans les Indes, et les galions rapportaient d'immenses quantités d'or et d'argent. Il regorgeait de richesses et de bien-être, le monde était à son service, car il dépensait l'or que ses colonies lui rapportaient et le jetaient à pleines mains.

Le roi d'Espagne Philippe II avait même un instant pensé à établir la monarchie universelle.

Tels étaient les deux antagonistes : l'un riche et puissant, étonnant le monde qui le redoutait; l'autre pauvre, affaibli, perdu dans un coin de l'Europe. Le premier était un peuple d'hommes amollis, le second une poignée d'hommes, mais c'étaient des guerriers prêts à mourir pour la liberté.

Le gouverneur du Portugal pour Philippe II était un Portugais qui avait consenti à accepter la honteuse mission d'opprimer ses concitoyens. Sa tyrannie excita au plus haut point le mécontentement des Portugais qui n'étaient pas nés pour être sous un joug semblable.

Alors arriva Jean de Bragance (1640).

Tableau généalogique de la maison de Bragance, de père en fils :

Robert-le-Fort, comte de Paris.
Hugues-le-Grand, comte de Paris.
Hugues-Capet, roi de France.
Robert II, roi de France.
Robert I, duc de Bourgogne.

Alphonse-le-Conquérant, roi de Portugal.

Sanche I, roi de Portugal.

Alphonse II, roi de Portugal.

Alphonse III, roi de Portugal.

Denis, roi de Portugal.

Alphonse IV, roi de Portugal.

Pierre I, roi de Portugal.

Jean I, fils naturel de Pierre I, roi de Portugal.

Alphonse, fils naturel de Jean I, premier duc de Bragance.

Jean de Bragance, petit-fils d'Alphonse, troisième duc de Bragance.

Le Portugal avait assez de son joug, il se jeta dans les bras de celui qui venait pour le mener à la liberté. Le secrétaire du duc Jean de Bragance, Pinto organisa avec un art admirable une conspiration dans laquelle se mirent la plupart des nobles Portugais. Louise

Françoise de Guzman, fille de Jean-Emmanuel Peroz, duc de Medina Sidonia, épouse de Jean de Bragance, aïda puissamment son mari qui trouva aussi un appui solide dans Nuno Alvarez Percira de Mello, marquis de Ferreira. Cet homme illustre du Portugal était parent du duc Jean, il descendait en effet d'une maison qui, remontant au XIVe siècle, avait pour tige don Alvarez de Portugal, quatrième frère du duc de Bragance, don Ferdinand II. Ce prince était fils, par Ferdinand I, d'Alphonse, premier duc de Bragance, et avait épousé l'unique héritière du grand connétable de Portugal don Nuno Alvarez Pereira de Mello. Ses descendants portèrent d'abord les titres de marquis de Ferreira et de comte de Trentigal.

Les conjurés à la tête desquels se trouvait Pinto, pénétrèrent jusque dans la chambre du Gouverneur et le tuèrent (1er décembre 1640). Le peuple déchira son corps et le traîna dans les rues de Lisbonne. Avec lui finit la puissance Espagnole en Portugal. L'archevêque de Lisbonne, Acunha, qui avait approuvé la conspiration, se déclara ouvertement pour le roi Jean et entraîna avec lui tout le clergé Portugais.

Les conjurés avaient agi, le duc Jean s'était peu mêlé de cette conspiration, mais maintenant il fallait agir au grand jour, il se montra. L'Espagne qui depuis 60 ans dominait, décimait et rançonnait le Portugal, fut forcée d'abandonner sa conquête. Le duc Jean était nommé roi sous le nom de Jean IV (1641) et ni le roi, ni le peuple qui maintenant avait un chef, n'étaient décidés à accepter la domination étrangère. Le Portugal jadis rival de l'Espagne, un moment vaincu, allait redevenir rival, libre pour toujours. Le vaillant libérateur était roi doublement, roi par héritage car c'était à lui de recueillir la couronne laissée sans maître par la mort de Henri, roi par la volonté du peuple, c'est le plus beau titre de gloire d'une famille royale.

CHAPITRE V

CHAPITRE V

Rois de Portugal. — Dynastie de Bourgogne. — Branche de Bragance. — 1640 à 1861.

Aussitôt, nommé en Portugal le roi Jean, fut reconnu par la France, dont le ministre Richelieu avait depuis longtemps poussé les Portugais à la révolte, le roi fut aussi acclamé dans les colonies. Il n'oublia point ceux qui l'avaient si bien servi et se hâta de les récompenser. Sa femme, Louise de Guzman, qui l'avait si bien aidé de son esprit juste et de son sens droit eut la confiance pleine et entière de son époux, et on peut dire qu'elle partagea la couronne avec lui, du reste elle fut, de tous les conseillers du roi, le plus sage et le plus fidèle. Le marquis de Ferreira fut fait duc de Cadoral (1). Pinto fut créé président de la Cour des Comptes et garde des archives royales de Portugal. Cet homme illustre mourut universellement regretté (1643) après avoir laissé un recueil des lois du Portugal (2). Le roi Jean était aimé de ses sujets, mais les Espagnols auxquels il avait enlevé le royaume du Portugal, lui avaient voué une haine violente. Plusieurs conspi-

(1) Les descendants de ce duc de Cadoral se sont alliés aux maisons Françaises de Lorraine et du Luxembourg.

(2) On a aussi de lui quelques remarquables discours sur l'administration et de fort belles réponses aux manifestes du roi d'Espagne. Pinto est le héros d'une pièce française de M. Lemercier qui eut un immense succès en 1800.

rations eurent lieu, mais toutes furent déjouées et les Espagnols qui n'avaient pu réussir dans l'ombre, voulurent attaquer au grand jour; mais comment ceux qui n'avaient pu garder espéraient-ils reconquérir; malgré leurs efforts ils furent obligés de reculer et de renoncer à leurs prétentions après la remarquable victoire que Mathias d'Albuquerque remporta sur eux à Montija, près Badgor (1644). Le Portugal était à jamais séparé de l'Espagne. Le roi, non content d'avoir affranchi son pays, voulut lui rendre son ancienne splendeur, il voulut reconquérir les colonies que l'incurie Espagnole lui avait fait perdre; il marcha contre les Hollandais qui avaient profité de l'asservissement du Portugal pour lui enlever ses colonies et bientôt le Brésil fut reconquis (1654). Mais les Hollandais continuaient leurs progrès dans les Indes. Ce roi illustre, chef d'une famille non moins remarquable, mourut bientôt (1656). Ce prince, comprenant toute l'analogie qu'il y avait entre le caractère des Portugais et des Français avait toujours été l'allié de ces derniers qui, du reste, avaient sans cesse formé des vœux pour la liberté du Portugal. Son règne peut certainement être considéré comme un des plus beaux de l'histoire, car Jean IV avait accompli l'œuvre difficile de l'affranchissement d'un peuple. Son fils, âgé de 13 ans, lui succéda sous le nom d'Alphonse VI, sous la tutelle de sa mère, à laquelle Jean IV, qui avait pu apprécier ses brillantes qualités, avait confié en mourant la régence. Elle se montra digne de la confiance de son époux. Elle sut tenir d'une main ferme les rênes de l'Etat que lui disputaient les plus puissants Seigneurs, elle déjoua tous les complots et força, par la sagesse de son administration, ses ennemis mêmes à la respecter· Elle céda Bombay et la place Africaine de Tanger à l'Angleterre, lors du mariage de sa fille (1660), et lors de la majorité de son fils, elle se démit de sa puissance (1662); elle aurait voulu garder le pouvoir plus longtemps car Alphonse, faible d'esprit et livré à d'infâmes débauches, ne pouvait gouverner, mais il lui était impossible de plus rester à la tête des affaires, sa sagesse lui avait fait trop d'ennemis dans les courtisans qui espéraient spéculer snr la faiblesse d'esprit et les vices du roi. Elle voulut vivre à la cour, mais abreuvée de dégoûts par les courtisans de son fils, elle se retira dans un cloître où elle mourut (1666). Le commencement du règne fut moins mauvais qu'on ne devait s'y attendre car il fut signalé par les victoires d'Améxial (1663) et de Montes-Claros ou Villaviciosa (1665) qui forcèrent l'Espagne à reconnaître de fait l'indépendance du Portugal. Mais le roi mécontentait le peuple par ses honteuses débauches ; le roi, pour faire taire les bruits qui couraient sur son compte, se maria avec Marie de Savoie Nemours, mais sa santé altérée devint de plus en plus mauvaise, son esprit s'éteignit et il fut déposé solennellement par les Cortès (1667) et son frère don Pèdre fut nommé régent ; il relégua son frère aux Açores. La femme du roi, restée vierge dans le mariage, vit, sur la demande du Régent, son mariage annulé et elle épousa ce dernier. Il signa, avec l'Espagne, un traité qui reconnaissait officiellement l'indépendance du Portugal (1668), reconnue de fait depuis trois ans. Le Portugal abandonnait Ceuta en Afrique à l'Espagne. Il reconnut les nouvelles conquêtes des Hollandais aux Indes par le traité de la Haye (1669). Enfin le malheureux Alphonse, après avoir été enfermé à Tercein, puis à Cintra, mourut dans sa dernière prison (1683). Le régent fut alors déclaré roi de Portugal par les Cortès, il avait alors 35 ans. Pendant son règne, il prit part à la fameuse guerre de la succession d'Espagne suscitée par Louis XIV. Comme son père, allié des Français, il prit leur parti dans cette entreprise (1701), puis craignant l'ambition de Louis XIV qui ne tarderait pas à convoiter le Portugal s'il pouvait avoir l'Espagne, il s'allia avec l'Angleterre et entra dans la grande alliance avec l'Autriche, l'Angleterre, la Hollande, la Prusse et la Savoie contre la France (1703) soutenant l'archiduc Charles. La même année John Méthuen fit signer au roi de Portugal un traité auquel l'illustre diplomate Anglais donna son nom. Dans ce traité, il n'était question que de l'introduction des tissus de laines Anglaises en Portugal et de la diminution des droits sur les vins Portugais importés en Angleterre ; mais ce traité menaçait de ruiner le Portugal au profit des Anglais, car ces derniers y introduisirent dès lors la plupart des objets de première nécessité, ce qui arrêta le développement de l'industrie nationale. Ce traité désastreux, qui fut une grave faute de Pierre, devait subsister longtemps. Il mourut (1706) laissant la couronne à son fils âgé de 17 ans, qui monta sur le trône sous le nom de Jean V. Comme son père il lutta contre la France dans la guerre de la succession d'Espagne, il fut vaincu à la bataille d'Almanza (1707) et après la guerre il reçut, par les traités d'Utrecht, la Guyanne méridionale cédée par Louis XIV (1713); le territoire Espagnol du Saint-Sacrement sur la Plata cédée par Philippe V (1715). Le roi mourut (1750) laissant la couronne à son fils. Nous pouvons mentionner ce fait remarquable que ce règne est le premier qui se soit écoulé sans la convocation des Cortès. Son successeur, Joseph, appela au ministère des affaires étrangères don Seb, Jos, Carvalho Mehlo, ambassadeur. Cet homme, né à Lisbonne, d'une famille de petite noblesse, devait faire la gloire du règne de son maître, il avait alors 51 ans.

Bientôt après un terrible tremblement de terre vint ravager Lisbonne (1755), jamais on ne vit plus grand désastre (1). Grâce à

(1) Le 1er novembre 1755, à 9 heures 45 minutes du matin, on entendit, à Lisbonne, un bruit souterrain semblable à celui du tonnerre, et immédiatement après une secousse des plus violentes renversa la plus grande partie de la ville. Les secousses se succédèrent pendant plus de 6 minutes, et, dans ce court espace de temps, plus de 60,000 individus trouvèrent la mort sous les ruines des édifices. La mer, qui d'abord s'é-

l'habileté du ministre les gens sans asile furent abrités, les brigands, qui profitaient du désastre pour piller, sévèrement réprimés et Lisbonne détruite commença bientôt à sortir de ses ruines. Joseph, comprenant l'habileté de son serviteur, le fit premier

tait retirée, se précipita sur la ville en formant une montagne d'eau haute de plus de 16 mètres. Le quai de Prada, récemment et solidement construit en marbre, et où une multitude de personnes s'étaient réfugiées, s'affaissa tout à coup ; un grand nombre de bateaux et de petits navires amarrés au quai et tout remplis de monde furent engloutis avec le quai ; l'abîme qui s'était formé au fond de la mer se referma de telle sorte que pas un seul cadavre ne vint ensuite flotter à la surface des eaux. Aujourd'hui, dans ce port, l'eau a 160 mètres de profondeur. En même temps, les montagnes d'Arabicta, d'Estrella, de Marao, et de Cintra, qui appartiennent aux plus grandes chaînes du Portugal, furent violemment ébranlées. Plusieurs d'entre-elles s'ouvrirent à leur sommet et se fendirent jusqu'à leur base; d'énormes blocs de roche roulèrent dans les vallées. On vit même des flammes sortir, près de la ville, d'une crevasse nouvellement formée dans le rocher d'Alvidras; plus les détonations devenaient intenses, plus cette fumée s'épaississait. L'action de ce ministre ; ce choix suffirait pour faire la gloire d'un roi. Novateur infatigable partageant sans les accepter entièrement, les idées des philosophes et des économistes du XVIIIe siècle, il diminua la noblesse, cherchant à soulager le peuple. Mais on peut lui reprocher d'avoir été un despote im-

tremblement de terre s'étendit à des distances prodigieuses, c'est-à-dire dans une grande partie de l'Europe, en Afrique et jusqu'en Amérique. Le port de Sétubal, à 28 kilomètres de Lisbonne fut englouti. A Cadix, à Tanger, sur les côtes d'Afrique, à Funchal, dans l'île Madère, à Kinsale, en Irlande, les eaux de la mer furent soulevées à plusieurs reprises et pénétrèrent jusque dans les villes. Sur les côtes de la Suède et de la Norwége, la mer fut violemment soulevée. Les lacs de la Suisse furent agités. Enfin à Alger et à Fez, les secousses détruisirent un grand nombre d'édifices qui dans leur chute écrasèrent plus de 10,000 personnes. Enfin plusieurs des Antilles, notamment Antigua, la Barbade et la Martinique, bien qu'éloignées de 6,000 kilomètres du Portugal, ressentirent les secousses de ce tremblement de terre le plus terrible qui se soit jamais vu. On prétend qu'il se fit sentir sur le douzième de la surface du globe.

périeux, d'avoir réformé en bien, il est vrai, mais par l'arbitraire, d'avoir brisé tout ce qui lui faisait obstacle. La résistance qu'opposaient à la domination Portugaise les missions de l'Ordre des Jésuites de l'Uruguay et du Paraguay, cédées depuis sept ans par l'Espagne en échange de la Colonie du Sacramento, lui permit de présenter les Jésuites comme rebelles et de les chasser de la cour (1757). Il profita d'un attentat contre la vie du roi pour terrifier la haute noblesse; jugés par une commission, soumis à la torture, les accusés : le duc d'Aveira, les Travora, etc., périrent malgré leur rang. Sa haine contre les Jésuites, après ce succès de puissance, ne connut plus de bornes, il les accusa d'être les instigateurs et les complices du régicide, les expulsa des Etats Portugais (1759). Cette même année, le roi créa son ministre comte d'Ayras. Les jésuites toujours poursuivis furent chassés du Brésil (1760), et enfin leur biens confisqués au profit du trésor (1761). Le ministre diminua le pouvoir de l'inquisition, mais le plaça dans la dépendance du pouvoir royal pour s'en servir; Malagrida, un des juges de ce terrible tribunal, voulant s'opposer au ministre, celui-ci le fit envoyer au bûcher (1761); ce ministre Portugais est le seul qui ait pu lutter contre cette redoutable puissance. A l'extérieur, il soutint, avec l'appui de l'Angleterre, une petite guerre contre l'Espagne et la France qui voulaient faire adhérer le Portugal au pacte de famille (1762-1763). Il essaya et réussit à diminuer la jurisprudence des Anglais en Portugal et à leur retirer le monopole du commerce. Enfin le roi fit son ministre marquis de Pombal (1770), c'est sous ce nom qu'il est ordinairement désigné. En examinant la conduite du marquis de Pombal, on voit la tyrannie. Parler mal du gouvernement ou des ministres, était un crime, résister à la moindre disposition prise par eux, une trahison, et des récompenses étaient offertes aux dénonciateurs. Presque tout commerce fut donné en monopole, dans lesquels on accusait le ministre d'avoir des intérêts, ce qui excita des murmures et des soulèvements réprimés avec violence. Ce despotisme ne doit pas faire oublier les services réels que Pombal a rendu à son pays : égalité proclamée entre les anciens et nouveaux chrétiens par édit du roi (1773), la perception des impôts améliorée, l'agriculture encouragée, l'armée soumise à une discipline plus exacte, les fortifications réparées, la marine rétablie, le commerce favorisé, l'instruction facilitée, l'université de Coïmbre régénérée. Le roi mourut (1777) laissant, grâce à son ministre, 24,000,000 en caisse. Sa fille, âgée de 33 ans, monta sur le trône sous le nom de Marie I, mariée à son neveu don Pèdre depuis sept ans. Celui-ci, d'après la loi, fut roi de Portugal, il était le troisième du nom. Jaloux de son autorité, il retira le pouvoir à Pombal qui fut obligé de quitter Lisbonne. Bientôt assailli de mille accusations, l'ancien ministre fut banni loin de la cour (1781), il mourut après dix mois d'exil (1782). On pouvait certainement reprocher au glorieux ministre ses formes tyranniques, mais c'est sans contredit un des plus grands génies qui aient existé. Pierre II eut un règne insignifiant, il commit la faute de laisser s'accroître la prépondérance des Anglais. Il mourut (1786) et sa femme devint maîtresse de la couronne; mais son règne fut en réalité de peu de durée, car elle devint bientôt folle (1790).

Son fils Jean qui n'avait alors que 23 ans, eut en réalité le pouvoir entre les mains. De sages réformes, une administration active et intelligente semblaient ouvrir au Portugal une ère nouvelle, quand sa participation presque forcée aux guerres contre la France (1793), lors de la grande révolution qui changea la condition des peuples, vint tout arrêter. Pendant une intervalle de paix, Jean fut déclaré régent (1799). Mais bientôt la guerre éclata de nouveau, il fut forcé par Napoléon de fermer ses portes aux vaisseaux anglais (1801); délivré de cette obligation lors de la paix générale sanctionnée par le traité d'Amiens (1802); il se la vit imposée de nouveau (novembre 1806). Il rompit toutes les négociations avec les Anglais mais ne voulut point faire arrêter ceux qui résidaient en Portugal et confisquer leurs propriétés. Napoléon déclara alors la maison de

Bragance déchue du trône (1807), et son armée hispano-française envahit le territoire Portugais (29 novembre 1807), la famille royale se réfugia au Brésil; le régent, pendant 13 ans qu'il y resta, favorisa le développement industriel et commercial de ce pays. Il s'y fit nommer Empereur Pendant ce temps, les Anglais pour nuire à leur redoutable ennemi Napoléon et pour garder les priviléges commerciaux qu'ils avaient en Portugal suscitèrent une révolution dans ce pays. Elle éclata (1808) et au mois de juillet Wellington débarqua à la tête de l'armée anglaise; le général français Junot fut forcé d'évacuer Lisbonne (30 août); il quitta le Portugal après avoir signé la capitulation de Cintra. Mais l'empire français avait plus d'un général et Soult qui était en Espagne bat les Espagnols et les Portugais réunis à Burgos et pénétre victorieux en Portugal (1809), il se tint longtemps dans la Péninsule, prit Ferrol, Oporto, Séville (1810), Coelix; mais l'échec de la France en Russie le força de se rapprocher de son pays (1812. Cette retraite est la plus belle des guerres modernes, après plusieurs victoires qui lui permirent de se retirer, il arrêta les Anglais et les Portugais malgré leur supériorité numérique sous les murs de Toulouse; Masséna, qui depuis longtemps (1810), était en Espagne, malgré les forces de Wellington, était parvenu à se maintenir en Portugal, mais l'armée anglo-portugaise le força à la retraite (1814). Lors de la paix qui survint l'année suivante (1815), l'Angleterre qui convoitait le Portugal empêche le régent de revenir dans son pays, celui-ci répond en proclamant l'indépendance du Brésil (1815). L'année suivante la reine mourut et le régent devint roi de Portugal sous le nom de Jean VI

(1716). L'ambassadeur anglais Beresford fut, pendant ce temps, vrai roi de Portugal. Mais une ère nouvelle avait été ouverte par la France en 1789 et tous les peuples devaient suivre les Français dans le nouveau chemin; le jour était arrivé pour les Portugais ; instruit par une longue série d'invasions, le peuple s'était éclairé sur ses droits et ses intérêts. Les Français avaient été repoussés, mais les Anglais n'avaient vendu leurs secours qu'en ruinant le commerce et l'industrie pour profiter plus tard de cet état ; ils semblaient même vouloir s'établir absolument en Portugal ; mais ils comptaient sans l'énergie de ce peuple. Une révolution éclata à Oporto (24 août 1820), elle a pour but de donner au royaume une Constitution. Le gouvernement provisoire est installé (15 septembre 1820); un congrès national est convoqué. Une nouvelle constitution rédigée par de nouvelles Cortès, composées de députés élus par des citoyens élus eux-mêmes par tous les citoyens jouissant des droits civils, établit en Portugal une véritable représentation nationale beaucoup plus puissante que dans les autres gouvernements représentatifs de l'Europe, puisque l'initiative des lois appartenait à l'Assemblée législative. Le prince du Brésil, fils du roi, arrive à Lisbonne (3 juillet 1821) accepte et jure la Constitution dont les heureux effets se firent bientôt sentir. Le roi revint bientôt après et accepta la nouvelle Constitution. Mais le clergé, les moines, la noblesse et la magistrature, soutenus par la reine qui avait refusé de prêter serment à la nouvelle Constitution, complotaient sourdement sa ruine, cette princesse, aidée par son fils et le comte d'Amarante, parvint à fomenter des troubles sérieux, à ébranler la fidélité de l'armée ;

bientôt une insurrection générale éclata (mai 1823); cette contre-révolution fut faite au nom du roi qui, s'étant laissé entraîné par la reine, avait désavoué la Constitution. Afin de prévenir les horreurs de la guerre civile, les Cortès se séparèrent après avoir protesté solennellement contre la violence. Le comte d'Amarante se mit à la tête du mouvement avec un petit corps de troupes qui bientôt s'augmenta. Il fit triompher la cause, prit plusieurs villes qui résistaient, entre autres Villariol et Chares. Le roi, en récompense de ses services, le fit marquis de Chares. Lors de la contre-révolution le roi promit une charte libérale. Le Brésil s'était déclaré indépendant et avait pris pour empereur don Pedro, prince du Brésil et fils du roi; ce dernier reconnut l'indépendance du nouvel empire (1825); il mourut peu de temps après (1826). Ses dernières années avaient été agitées par les intrigues de la reine Charlotte, l'âme du parti absolutiste, et les révoltes de son fils don Miguel. On peut reprocher à ce roi, qui fut un prince doux et bon, sa faiblesse qui fit qu'il se laissa presque toujours dominer par la reine et le marquis de Chares. L'héritier légitime était alors au Brésil, en attendant son retour, la fille du roi, Isabelle-Marie, prit la régence. Celui-ci revint et rétablit le gouvernement représentatif sur des bases qui parurent satisfaire la partie éclairée de la nation mieux que ne l'avait fait la Constitution des Cortès. Après avoir fixé la position politique des Portugals, il abdiqua en faveur de sa fille dona Maria da Gloria (2 mai 1826), âgée de 7 ans, qui monta sur le trône sous le nom de Marie II. Elle était alors au Brésil, don Pedro confia la régence, pendant la minorité de sa fille, à son frère don Miguel et regagna le Brésil; la reine fut fiancée l'année suivante à son oncle, mais celui-ci usurpa le trône (1827), et quand la jeune reine arriva en Europe (1828) l'usurpateur jouissait en despote de la souveraineté ayant recours aux mesures les plus vexatoires pour consolider son pouvoir. Mais une junte s'était établie à Terceire et représentait le gouvernement légitime. La jeune reine, après un court séjour en Angleterre et en France regagna le Brésil. L'empereur du Brésil voulut rétablir sa fille sur le trône, mais ses efforts dispendieux mécontentèrent ses sujets américains, il abdiqua alors (1831) en faveur de son fils et vint en Europe pour disputer le Portugal à son frère; celui qui avait fondé un empire était bien capable de reconquérir un royaume. A l'aide d'une armée de volontaires levée en Angleterre et en France, il marcha contre l'usurpateur qui bientôt fut chassé (1833), le vainqueur remit la couronne sur la tête de la jeune reine qui fut déclarée majeure l'année suivante. Après avoir accompli cet acte de dévoûment à sa patrie, après avoir consolidé la nouvelle Constitution, don Pedro mourut comme si sa tâche était complètement terminée. La reine épousa (1835) le duc Auguste de Leuchtenberg; ce prince mourut la même année, elle se maria en second lieu (1836) au prince de Saxe-Gobourg-Gotha. Le règne de dona Maria fut troublé dans les premières années par les intrigues des partisans de don Miguel, et dans les dernières par l'opposition des libéraux. Après un mouvement militaire à la tête duquel se mit le maréchal Saldanha, la Constitution fut modifiée dans un sens plus démocratique (1851). Quelques années après dona Maria mourut (1853), son fils don Pèdre, âgé de 16 ans, lui succéda sous le nom de Pierre V, il est sous la régence de son père pendant deux ans. Il mourut au bout de quelques années ayant à peine eu le temps de gouverner. On doit à ce règne une réforme importante et utile. Le système des impôts, jusqu'alors fort compliqué, fut remplacé par un système de contributions directes unique. Cette reforme eut son importance eu égard à sa commodité pour le gouvernement et pour les contribuables ; elle permit de faire de grandes économies dans la perception de l'impôt à cause de sa simplicité, et les contributions étant directes les impôts arrivèrent directement au trésor. A sa mort son frère, don Luis, âgé de 23 ans, lui succède (11 novembre 1861), il épouse (1862) Marie Pie, âgée de 15 ans, fille de Victor-Emmanuel II, roi d'Italie. Ce règne fut agité de quelques troubles politiques ; malgré sa courte durée on peut voir qu'il appelle le Portugal à un avenir heureux. Le roi fit promulguer un code civil, modifier le système pénitentiaire dans un sens utile à la société et enfin abolir cette trace de barbarie qui persiste dans les pays civilisés, la peine de mort. Des chemins de fer, des routes furent construites, le commerce favorisé, les arts si longtemps négligés encouragés, la littérature honorée. Tel est le bilan d'un règne qui commence. Aussi le peuple envoie-t-il à la Chambre des députés dont l'immense majorité partage les idées du gouvernement.

Pendant la révolution d'Espagne, le roi a donné à son peuple une haute idée de son attachement pour lui, au monde une haute idée du Portugal en refusant spontanément la couronne d'Espagne, alors sans maître, qui lui était offerte.

ROIS DE PORTUGAL

Dynastie de Bourgogne

BRANCHE DE BRAGANCE

Jean IV (1640).

Alphonse VI (1656).

Pierre II, régent (1667), roi (1683).

Jean V (1706).

Joseph (1750).

Marie I, avec Pierre III (1777), seule (1786).

Jean VI, régent (1799), roi (1816).

Pierre IV (1820), un seul moment.

Marie II (1826), don Miguel usurpa (1827-1833), Marie remonta sur le trône (1833).

Pierre V, avec un régent (1853), seul (1855).

Don Luis, roi actuel (1861).

CHAPITRE VI

CHAPITRE VI

Lettres, sciences, arts, agriculture, commerce, industrie.

La littérature Portugaise a fourni des œuvres d'un grand mérite. Ce serait une erreur de croire que parce que la littérature Portugaise est peu connue en Europe, où chaque peuple tient à sa langue et s'occupe peu de la langue de son voisin, elle mérite d'être délaissée : le Portugal a produit jusqu'à l'époque actuelle des savants et des écrivains d'un grand mérite. Depuis le Camoëns, quelques-uns de ses poètes, entre autres Ferreira, ont su se faire une réputation méritée parmi leurs compatriotes ; il se sont quelquefois élevés jusqu'au sublime dans le genre héroïque ; si ceux qui se sont consacrés à la muse dramatique n'ont pu faire briller le théâtre portugais d'un vif éclat, les poètes didactiques et surtout les poètes lyriques ont fait surgir parmi eux des noms illustres et connus. Enfin, disons-le franchement, les derniers événements politiques, en donnant plus d'énergie à la pensée, ont fait sortir des rangs de la bourgeoisie : des législateurs et des savants.

Les lumières répandues dans les classes supérieures auront un jour une heureuse influence sur les destinées du pays. La poésie, l'éloquence, les sciences y sont cultivées, et nous croyons, d'après des renseignements précis, pouvoir estimer à plus de 250 le nombre d'ouvrages relatifs aux différentes branches des connaissances humaines, qui sortent annuellement des imprimeries. Les journaux publiés en Portugal s'élèvent à plus de 60.

Les beaux-arts y sont dans un état moins satisfaisant, pourtant dans notre dernière exposition, où tous les pays du monde s'étaient donnés rendez-vous pour faire valoir les œuvres de l''intelligence et du travail de leurs enfants, nous avons vu le Portugal y briller.

La musique et la peinture sont des arts où plusieurs Portugais se sont rendus réellement célèbres.

Les établissements d'instruction destinés aux enfants des classes riches et privilégiées peuvent supporter la comparaison avec ceux des autres pays de l'Europe ; l'instruction élémentaire, autrefois un peu délaissée, a depuis quelques années fait d'énormes progrès, l'enseignement est confié à d'habiles professeurs et de bons ouvrages nationaux facilitent l'étude.

Les richesses territoriales du Portugal sont immenses, les renseignements publiés par M. Balbi ont fourni les moyens d'en apprécier l'importance. Il est peu de contrées en Europe qui possèdent une plus grande quantité de sources minérales : on en compte 10 dans la province du Minho, 8 dans le Tras-os-Montès, 17 dans le Beira, 12 dans l'Estramadure, 9 dans l'Alemtejo, 2 dans l'Algarve ; ces sources sont gazeuses, salines, sulfureuses, ferrugineuses ou simplement chaudes, toutes sont d'une température plus ou moins élevée. Ce pays, où les Carthaginois allaient chercher leurs métaux, possède des mines d'or, d'argent, de fer, de plomb, d'étain et d'autres minéraux moins utiles, et du reste peu exploités. Les mines de houilles sont peu travaillées mais les marais produisent 580 contos (environ 3,625,000 f. monnaie de France).

L'agriculture n'est pas très-avancée dans le Portugal, son produit ne suffit pas à la consommation. Ce royaume importe 5,800 contos (environ 36,250,000 fr.) de céréales annuellement ; 1/6e vient de ses colonies. Cependant M. Balbi à calculé que le Portugal fournissait, année commune, de quoi nourrir sa population Il faut attribuer les importations aux besoins de la consommation de Lisbonne, qui, faute de routes, ne peut recevoir de l'intérieur les approvisionnements nécessaires. Cette cause n'est pas sans influence sur l'agriculture. Quelques-uns prétendent que la franchise du port de Lisbonne ne fait qu'aggraver le mal en y attirant le blé de l'étranger, mais suivant nous c'est une grave erreur, car la liberté n'a jamais porté préjudice au peuple qui en jouit, et il ne faut pas croire que la fortune d'un pays augmente avec les exportations et diminue avec les importations, car l'importation ne consiste pas à apporter des marchandises pour la consommation d'un pays, l'importation peut souvent n'être que l'arrivage d'objets chez un peuple, qui après les avoir reçus les exporte à son tour, alors ce pays devient un entrepôt, une place de marché en quelque sorte, qui fait sa fortune en habituant ses habitants au commerce et au trafic. L'Angleterre qui a chevaux, fer, houille, blé, mais après cela rien, s'est enrichie avec l'importation. Napoléon l'avait bien compris quand il avait songé à faire le blocus continental.

D'autres causes peuvent encore nuire au développement de l'industrie agricole, les principales sont : les impôts assez considérables qui frappent les terres, la grande quantité de terres privilégiées appartenant à la couronne, à la noblesse, au clergé et aux communes, l'habitude qu'ont les nobles de ne point vivre dans leurs terres, et de les affermer à long bail à des fermiers qui sous louent à des laboureurs, enfin le manque de communications causé par le mauvais état des grandes routes. Le Gouvernement, il est vrai, a cherché à mettre fin à tous ces abus, mais on n'a pas encore pu mettre à exécution toutes les améliorations projetées; cependant on a fait de grands pas dans cette voie et on peut prévoir le temps peu éloigné où elles seront terminées.

Cet état de l'agriculture a nécessairement de l'influence sur la quantité et la qualité du bétail que nourrit le Portugal. Le manque de bétail force à recevoir annuellement de l'étranger 280,000 quintaux de morue valant 1,800 contos (environ 11,250,000 fr.). Les pâturages sont de qualités médiocres, le pays a tiré peu parti du lait de ses vaches et il en fait peu de fromage et de beurre; l'Angleterre et la Hollande approvisionnent le Portugal de ces denrées.

L'huile qu'il retire de ses oliviers n'est pas une grande richesse pour son sol parce qu'elle est mal fabriquée, en améliorant la fabrication de ce produit, le Portugal en approvisionnerait non-seulement ses colonies, mais encore plusieurs pays étrangers.

Les provinces de Minho, de Tras os-Montès et de Beira sont riches en produits, mais principalement en céréales.

Dans le Minho et le Beira, on cultive particulièrement le maïs, et dans le Tras-os-

Montès le seigle. La plus grande partie de l'Estramadure et de l'Algarve est inculte; cependant le maïs réussit dans la première. Les principaux produits de la seconde consistent en froment, en figues et en amandes Dans les autres parties du royaume, on recueille des poires et des pommes excellentes, on cite celles de Colares et de Portalègre, comme les figues d'Almada. L'Estramadure s'enrichit par ses oranges et ses citrons renommés dans tout l'univers, et l'Alemtejo produit beaucoup d'olives. Le châtaignier abonde dans tout le Portugal. Les vins de ce royaume sont fort estimés; on connaît celui du haut Douro, vendu sous le nom de vin de Porto, si recherché par les anglais; le muscat de Carcovelos et de Setubal, et les vins blancs de l'Algarve, principalement ceux de Faro et de Sines. Parmi les vins rouges, on doit citer, dans la province de Lisbonne, ceux de Torrès-Vedras, plus légers que ceux de Porto ; dans le Tras-os-Montès, ceux de Galafura et de Covelinhos, ainsi que ceux de Rancâo, Barca et Romaneiras. Des produits de son sol, le Portugal exporte annuellement 95 contos (593,000 fr.) d'amandes et figues 360 contos (2,250,000 fr.) d'oranges et 7,920 contos (49,500,000 fr.) de vins. On est étonné que dans un pays soumis à une température aussi favorable, l'éducation des vers à soie et des abeilles soit pour ainsi dire dans l'enfance.

Les troupeaux sont nombreux, surtout dans la province de Beïra, d'où ils émigrent l'hiver pour celle d'Alemtejo : leur laine, moins fine que celle des brebis espagnoles, est cependant recherchée par les étrangers ; l'exportation des laines ne dépasse pas une valeur annuelle de 100 contos (625,000 fr.). Les chevaux sont petits, mais légers et bien faits.

L'éducation et la culture pourraient facilement améliorer leur race et augmenter leur nombre, trop peu considérable. Plus nombreux, les mulets, grands, forts et dociles, pourraient ajouter à la richesse du pays. Les loups peuplent les forêts et les montagnes, le chat sauvage les contrées désertes; la chèvre sauvage, plus rare qu'autrefois, se trouve dans la Serra de Gerès; le cerf, le daim et le sanglier se trouve quelquefois dans les bois; le lièvre est rare, les lapins s'y rencontrent. On trouve dans les bruyères les insectes du Nord de l'Afrique, sur le revers de l'Estrella les papillons du midi de la France, et dans les montagnes de Tras-os-Montès des scarabées du Nord. Toutes les montagnes recèlent des vipères et autres reptiles venimeux. Dans les champs et jusque dans les maisons on trouve le gecko de Mauritanie, saurien de la famille des lézards, objet de dégoût et d'horreur pour les Portugais, qui lui supposent des qualités malfaisantes, et qui n'apprécient pas les services qu'il rend en détruisant mille insectes nuisibles. Les fleuves et les côtes du Portugal abondent en poissons de toute espèce; on y pêche des aloses et des anguilles d'eau douce et de mer, une immense quantité de sardines, des soles, des carrelets, des trigles, la murène tachetée, le scombre bonite et le xiphias espadon. Cette abondance de poissons est une des principales richesses du pays, quelques pêcheries sont pourtant un peu tombées. Les pêcheurs ne vont plus guère, comme il y a trois siècles, rivaliser avec les Hollandais sur le banc de Terre-Neuve, les pêcheurs Portugais explorent avec avantage les côtes de leur propre pays; et cependant, malgré les frais considérables qu'exige leur profession, leur nombre s'élève encore à plus de 15,000; mais beaucoup, dégoûtés de leur état, émigrent, ils fournissent à la marine Anglaise d'excellents et intrépides matelots.

L'industrie consiste surtout en constructions navales, forges, soieries, toiles, draps, bonneteries, couvertures, chapelleries, chocolats, porcelaines, faïences, toiles peintes, distilleries, tanneries, verreries.

C'est au Portugal que l'Europe doit la Porcelaine; ce sont les Portugais qui, allés en Chine, rapportèrent des objets en porcelaine inconnus en Europe. Cette nouvelle découverte qui a certes une grande importance, fut faite au commencement du XVIe siècle: c'est à partir de ce moment seulement que les Européens connurent la porcelaine que les Chinois prétendent fabriquer depuis plus de 3,500 ans.

CHAPITRE VII

CHAPITRE VII

Limites du Portugal, aspect général, villes importantes, monuments, institutions, population, armée, flotte, budget, mœurs.

Le royaume de Portugal s'étend du nord au sud, entre le 42e et le 37e degré de latitude et de l'est à l'ouest entre le 9e et le 11e de longitude. Au nord il a pour limites politiques la province Espagnole de Galice et une partie de celle de Jamara ; à l'est celles de Salamanque et de l'Estramadure, et le royaume de Séville. Sa plus grande longueur, du nord au sud, est de 125 lieues géographiques, et sa plus grande largeur, de l'est à l'ouest, est d'environ 50. Sa superficie est de 5,035 lieues carrées, et sa population de 3,634,000 habitants (1).

Le Portugal est très-montueux, sauf dans le sud de l'Estramadure : On y remarque les monts d'Estrella, de Cintra, de Monchique ; trois des fleuves de l'Espagne (Douro, Tage, Guadiana) y ont leur embouchûre ; il y a aussi beaucoup de rivières côtières (Minho, Vouga, Cavado, Mondego, Sadao, etc.). Le climat est très-varié, le sol très-fertile.

Le plus grand fléau du Portugal est la

(1) M. Bouy de Vincent donne 3437 lieues ; M. Scheling 4566 ; M. Franzini 4922 ; M. Balbi 5061 ; le nombre que nous avons donné est celui que nous regardons comme le nombre vrai, c'est du reste celui donné par Malte-Brun.

fréquence des tremblements de terre, il n'y a point d'années qu'on en ressente, et depuis 800 ans, 15 secousses ont ravagé Lisbonne. Ces tremblements se font ressentir fort loin puisque celui qui, en 1755, détruisit Lisbonne se fit ressentir presqu'instantanément en Afrique, en Irlande et en Amérique.

Le Portugal est divisé en régions divisées en comarcas.

La capitale est Lisbonne. Il y a 6 régions :

1° Entre Douro-e-Minho, chef-lieu Braga, cette région est divisée en 7 comarcas ;

2° Beira, chef-lieu Coïmbre, 11 comarcas;

3° Estramadure Portugaise, chef-lieu Lisbonne, 11 comarcas ;

4° Alemtejo, chef-lieu Evora, 8 comarcas ;

5° Algarve, chef-lieu Faro, 3 comarcas;

6° Tras-os-Montès, chef-lieu Bragance, 3 comarcas.

COLONIES

Europe. — Iles Açores au nombre de 9 : Santa-Maria ; San-Miguel, Terceira, Graciosa, San-Jorgo, Fayol, Flores, Corvo, divisées en 3 comarcas. San-Miguel a un volcan sous-marin ; la première fut découverte en 1442, la dernière en 1446. Les Açores ont 222,000 habitants.

Asie. — Vice-royauté de l'Inde avec le Gouvernement de Macao, ayant pour capitale Goa; provinces de Salsete et de Bordes. Quelques parties des côtes de Malabar avec Daman pour capitale, en tout 500,000 habitants.

Océanie. — Une portion de l'île de Timor

et celles de Solor et de Sabrao. — 45,000 habitants.

Afrique. — Gouvernement de Madère formé des îles Madère, de Porto-Santo et de quelques îlots voisins. 100,000 habitants. — Le gouvernement du Cap-Vert comprend les îles de San-Iago, Fago, Brava, Sal et Santa-Lucia, ainsi que les colonies de Sénégambie enfermant les places de Cachen et de Bissao, 70,000 habitants. — Le gouvernement d'Angola et Congo qui comprend Angola, plusieurs petits établissements, ainsi que les îles de San-Thuné et de Principe, dans le golfe de Guinée, 375,000 habitants. Le gouvernement de Mozambique, comprenant la ville de ce nom, le bourg de Mesuril, le Pretiose, le Lorenzo Marquez, la petite ville de Tette, celle de Quilimani et quelques autres points de la côte de Mozambique, 290,000 habitants.

Les possessions Portugaises comprennent environ 2,000,000 d'âmes.

Lisbonne. — Capitale, chef-lieu de l'Estramadure, 290,000 habitants, bâtie en amphithéâtre, aspect superbe et imposant; la vieille ville est pittoresque, mais laide, la nouvelle magnifique, 3 lieues de long, 1 de large, port superbe, mouillage sûr; 566 rues, 60 places; monuments : bourse, douane, maison des Indes, intendance, bibliothèque, palais des ministères, autrefois palais de l'inquisition), palais royal, arsenal, collége, cathédrale, église des martyrs; les rues de l'Or, de l'Argent, Augusta; l'observatoire, l'académie, l'école d'architecture, l'école du commerce, collége militaire, monastère de Saint-Vincent, de Fora, l'institut, les colléges Saint-Patrice, Saint-Antoine, des Catéchumènes, l'hospice Notre-Dame, jardin botanique, musées, fortifications, citadelles.

On y fabrique armes, canons, poudres, cartes, porcelaine. Commerce immense, entrepôt du monde. L'aqueduc de Bemfica qui porte à la ville les eaux qu'elle consomme, est le plus beau du monde moderne, il peut supporter la comparaison avec ce que les anciens ont fait de mieux, longueur 3,638 pieds, 34 arches, la plus grande a 107 pieds d'ouverture et 263 pieds de hauteur. Œuvre unique au monde.

Leira. — 3,500 habitants, château fort, palais du roi Denys, évêché, commerce, grande verrerie.

Coïmbre. — 16,000 habitants, évêché, université du royaume, cathédrale superbe, collége, couvent Sainte-Claire, muséum, bibliothèque, résidence de plusieurs rois, cultures magnifiques, oranges.

Porto. — 100,000 habitants, évêché, fort, cathédrale, palais de cour d'appel, hôpital, écoles de marine, de chirurgie, séminaire. Grand commerce : vins, huiles, sucres, oranges, bois, cuirs, liéges.

Braga. — 16,000 habitants, évêché, ruines romaines, cathédrale, séminaire, toiles, armurerie, chapellerie, clouterie, fondée par Himilcon.

Guimaraens. — 9,000 habitants, palais des ducs de Bragance, belle place, coutellerie, quincaillerie, linge de table.

Bragance. — 4,000 habitants, ancienne résidence des ducs de Bragance.

Evora. — 12,000 habitants, place forte, citadelle, archevêché; ruines romaines, quincaillerie, tannerie.

Faro — 8,000 habitants, rade excellente, citadelle, évêché, commerce, oranges, lièges, fruits secs, bois de Sumac.

Lagos. — 8,000 habitants, forts, fortifications, pêche active, vins, figues.

Tavira. — 9,000 habitants, pain excellent, pêche active, marais salants.

Le haut clergé se compose de 13 évêques et 3 archevêques, celui de Braga porte le titre de patriarche. Le gouvernement constitutionnel de dona Maria a aboli les couvents; leurs biens sont devenus propriétés de l'Etat dont les religieux sont pensionnaires. Le nombre des ecclésiastiques des deux sexes est de 29,000 (1).

Il y a un grand nombre de bibliothèques, il y en a 9 publiques, 6 à Lisbonne, 1 à Adjuda, 1 à Coïmbre, 1 à Porto, ayant à elles toutes 387,000 volumes, plus 13 bi-

(1) Ce nombre avait été beaucoup exagéré et des écrivains de mérite avaient accrédité les erreurs en les répétant. M. Bourgoing, dans son nouveau voyage en Espagne, M. Dumouriez, dans son état présent du Portugal, les évaluent à 200,000, M. Laborde à 280,000 M. Bory de Saint-Vincent à 200,000; le nombre que nous avons donné est plutôt exagéré et tend même à diminuer.

bliothèques particulières contenant 285,000 volumes souvent mis au service des savants. Parmi les chemins de fer on remarque ceux de Lisbonne à Cintro et à Santarem.

Les comptes se tiennent en reis, centaines de reis, mille reis et contos (1,000,000 de reis) pour les nombres importants.

MONNAIES

Or

Couronne,	titres	917	vaut	10,000 reis,	en francs,	62 50
1/2 couronne,	—	—	—	5,000 —	—	31 25
1/5 —	—	—	—	2,000 —	—	12 50
1/10 —	—	—	—	1,000 —	—	6 25

Argent

Teston,	—	—	—	100 —	—	0 62

POIDS

Quintal	vaut	4 arrobes,	en kilogrammes,	58k 75
Arrobe,	—	32 livres,	—	14 68
Arratel ou livre,	—	2 marcs,	—	0 46
Marc,	—	8 onces,	—	0 23
Once,	—			0 03

MESURES

Mesures de Longueur

Vare,	vaut	5 palmes,	en mètres,	1 m 10
Pied,	—	12 pouces,	—	0 33
Palme,	—	8 pouces,	—	0 22
Pouce,	—			0 0275

Mesures de Superficie

Pied carré,	vaut	12 pouces carrés,	en mètres carrés,	0 d c 9072
Pouce carré	—		—	0 0756

Mesures de volume

Pied cube,	vaut	1,728 pouces cubes,	en mètres cubes,	95 d c 937
Palme cube,	—	510 —	—	10 618
Tonneau de jauge,	—	100 palmes cubes	—	1 m c 0618

Mesures de volume pour les liquides

Pipa,	vaut	30 almudes,	en litres,	4 h 96 l
Almude,	—	12 canadas,	—	0 16 54
Canada,,	—	4 quartilhas,	—	0 01 38
Quartilha	—		--	0 00 34

Mesures de volume pour les marchandises sèches

Moio,	vaut	60 alqueires,	en litres,	8 h 28 l
Alqueire,	—		—	0 13 80

Les dépenses sont de 15,000 contos (environ 93,750,000 fr) contrebalancées par les recettes ; la liste civile est de 600 contos (environ 3,750,000 fr.); la dette publique est de 100 contos (environ 625,000 fr.); la dette étrangère est en 3 0/0 et 4 0/0, la dette intérieure en 4 0/0, 5 0/0, 6 0/0.

La religion de beaucoup prédominante est le catholicisme ; les autres religions sont tolérées. L'armée monte à 28,100 hommes ; il y a une milice de 41,000 hommes.

La flotte de guerre comprend 40 navires ainsi répartis :

1 vaisseau de ligne de 74 canons ;

3 frégates de 44 canons ;

4 frégates de 36 canons ;

6 corvettes de 24 canons ;

6 bricks de 22 canons ;

Plus 20 vaisseaux divers, armés en guerre.

Maintenant, occupons-nous de l'état moral de ce peuple et réfutons beaucoup d'erreurs en montrant tout ce qu'il y a de grand et de beau chez le Portugais. L'histoire de ses actes que nous venons de tracer a dû montrer et faire comprendre la plus grande partie de ce que nous allons dire.

Des écrivains superficiels trop portés à adopter facilement certains préjugés, ont représenté la nation Portugaise comme abrutie par l'ignorance et le fanatisme. Quelques mots sur la religion, les mœurs et la littérature de ce peuple serviront à rectifier les erreurs qu'on s'est plu à répéter. Dans ces derniers temps, la tolérance a fait des progrès en Portugal comme dans la plupart des Etats soumis à l'influence de la civilisation Européenne. Le catholicisme est la croyance de toute la nation, mais les autres religions sont tolérées. Les principes publiés par les Cortès de 1821 ont amené cet heureux résultat en faisant abolir le tribunal de l'inquisition, qui, depuis longtemps, n'avait plus d'appui dans l'opinion publique. S'il faut en croire quelques observateurs, les mœurs du clergé ne seraient point irréprochables; elles présenteraient même l'image de la plus honteuse corruption. Ceci est une grande exagération et de plus, depuis une vingtaine d'années, les mœurs nationales légères, car le Portugais ressemble au Français, sont améliorées, et le Portugais a même perdu quelque chose de son caractère original dans ses fréquents rapports avec les étrangers. Ce n'est plus un peuple superstitieux, outrageant les saintes lois de la nature, et portant au pied des autels un cœur fermé au repentir. Ses soldats ne ressemblent plus à ceux qui, pendant la guerre de la succession, ne consentirent à marcher que lorsque le roi don Pedro leur eut donné pour général Saint-Antoine, patron de Lisbonne, du reste, le Portugais fut superstitieux, mais il ne fut jamais fanatique. Docile à la voix des prêtres, il supporta l'inquisition, mais jamais il n'approuva les excès de cette horrible et révoltante institution. Ce qui caractérise encore cette nation, c'est cette douceur qui ne se dément point, même pendant les commotions politiques ; c'est cette politesse qui se fait remarquer depuis les rangs les plus élevés jusqu'à la plus basse classe du peuple; c'est envers les étrangers une prévenance qui le distingue de l'Espagnol et le rapproche du peuple Français dont il a presque la vivacité. On lui reproche de l'indolence et de la présomption : les paysans de l'Estramadure et de l'Alemtejo sont en effet indolents. Tous les Portugais se plaisent à vanter leur nation, mais quel peuple ne vante point son pays, et le Portugais en a le droit, chez lui c'est une conséquence du rôle important qu'il a joué sur le théâtre du monde. On répète depuis Link, qui l'a écrit, que les Portugais sont dissimulés, vindicatifs et perfides. Il y a plus que de l'exagération dans cette assertion, elle est fausse absolument. D'ailleurs, si on se montre sévère sur leurs défauts, il faut rendre justice à leurs qualités ; ils sont en général fort attachés à leur patrie, amis généreux et fidèles à remplir leurs promesses. M. Balbi, qui a observé ce peuple d'un œil impartial, dit que l'habitant de la province de Minho est plein de feu, d'esprit et d'industrie ; que celui de Tras-os-Montès rachète des dehors peu civilisés par des mœurs pures et simples, par sa bravoure et son activité ; que celui de la province de Beira est le plus laborieux ; que celui de l'Estramadure est le plus policé, et que l'Algarvien surpasse tous les autres par sa vivacité. Les Portugais ont le teint des peuples méridionaux, ils sont d'une taille peu élevée, mais généralement bien prise; rien n'est plus rare parmi eux que des individus estropiés ou contrefaits. La province de Minho, le Tras-os-Montès et les montagnes d'Estrella renferment les hommes les plus beaux et les plus robustes du royaume, leur peau est assez blanche et leurs cheveux sont blonds ou châtains. Dans les autres provinces, le noir est la couleur dominante de la chevelure. La belle carnation des Portugaises, leurs grands yeux noirs, leurs dents bien rangées, leurs longs cheveux d'ébène, leur gracieux visage, leur aimable vivacité, les mettent au rang des Européennes les plus séduisantes, on peut leur reprocher de n'avoir point la grâce des Françaises et la petitesse du pied espagnol. La vivacité, la brillante imagination qui distinguent le peuple Portugais, le rendent en quelque sorte affamé de dissipation : la musique, la danse, le spectacle, les combats de taureaux, en un mot tout ce qui peut retracer le plaisir des sens a sur lui un empire irrésistible. Sa musique, vive et légère, n'est point sans attrait pour l'étranger, les chants populaires, accompagnés du son de la guitare, seraient agréables et gracieux si les paroles n'en étaient point parfois trop licencieuses. La danse nationale, appelée la *Faffa*, est lascive, et un puritain pourrait déplorer la corruption du peuple en la voyant exécuter, non-seulement dans la campagne, mais au sein des villes et même sur les théâtres. La langue Portugaise, formée de l'idiome des anciens *Turdetani* et du latin, ne fut d'abord comme toutes les langues italiques, qu'un jargon barbare qui se mêla de mots arabes sous la domination des Maures, et même de mots français, lorsque le comte Henri de Bourgogne et ses compagnons d'armes se fixèrent en Portugal. Au XIIIe et au XIVe siècle, elle acquit plus de régularité, et dans le XVIe, elle atteignit cette douceur suave et cette mâle énergie si justement admirées dans les vers du Camoëns.

L'usurpation du trône de Portugal par Philippe II la fit entrer dans une période de décadence dont elle s'est relevée depuis. Le Portugais n'a point les sons gutturaux de l'Espagnol, il est riche et sonore, mais la fréquence des hiatus et des terminaisons nasales, la propension qu'il a au néologisme, la facilité avec laquelle il s'empare des autres langues, nuisent à son harmonie et feraient croire à sa pauvreté, si plusieurs écrivains modernes n'avaient prouvé tout le parti qu'on peut tirer de cette langue.

CHAPITRE VIII

CHAPITRE VIII

Gouvernement du Portugal. — Comparaison entre l'état du Portugal à l'avènement de la famille de Bragance et l'état actuel. — Ce qu'est le Portugal. — Ce qu'il sera.

Le Gouvernement est monarchique constitutionnel, la maison régnante est celle de Bragance; à défaut d'héritiers mâles la couronne passe aux femmes si elles ne sont déjà mariées avec des étrangers. Depuis les changements arrivés en 1821 dans la forme du Gouvernement, le Portugal a plus d'une fois attiré l'attention de l'Europe. La constitution qui confia le pouvoir législatif au roi et au Cortès fera longtemps époque dans les annales de ce pays; cependant une véritable représentation nationale n'était point une innovation pour les Portugais, puisque l'établissement des Cortès remonte à la fondation du royaume de Léon et de Castille, au VIIIe siècle, et se retrouve dans les premiers temps de la monarchie Portugaise. Dès l'origine de ces assemblées, qui se formèrent autour du trône électif des princes germains ou gothiques, et qui se composèrent des grands propriétaires ou barons auxquels le droit de conquête donnait celui de constituer à eux seuls la nation, on les vit investies de la prérogative de contrôler le pouvoir des rois et de le retenir dans des justes limites par le refus des subsides. A cette noblesse militaire se joignit dans la suite le clergé, d'autant plus puissant que la bannière de la croix était, pendant la lutte contre les Maures, le drapeau de l'indépendance. L'envahissement des Suèves et des Visigoths n'avait point détruit dans la Péninsule hispanique les fonctions de ces agents institués par les Romains dans les villes notables, et qui subsistent encore sous le nom de *procuradores*. Ils fournissent la troisième classe des membres dont se composaient les Cortès Espagnoles et Portugaises. Ces assemblées délibéraient sur les lois et votaient les impôts. Elles restreignaient même, plus que nos assemblées modernes, les prérogatives de la couronne, puisque dans les Cortès de Coïmbre en 1387, sous le règne de Jean I, les députés des villes s'opposant à la guerre, avec la Castille, le roi répondit que la paix ou la guerre serait toujours faite selon l'avis de ses peuples. Enfin, elles étaient investies d'un pouvoir que l'on regarderait aujourd'hui comme révolutionnaire, puisque dans l'espace de 525 ans les Cortès ont élu 5 rois : Alphonse I, comte de Portugal; Alphonse III, après la déposition de son frère Sanche II par le Pape; Jean I, après l'extinction de la branche légitime de la dynastie Bourguignonne; Jean IV, chef de la dynastie de Bragance, après l'expulsion des Espagnols, et Pierre II, en 1667, après la destitution d'Alphonse VI, tombé dans une sorte délire. Si la petite propriété eut pu être représentée dans les Cortès, cette antique constitution aurait eu peu de chose à envier à celles de l'Angleterre et de la Suède; mais il eut fallu que le souverain n'eût jamais pu, sous aucun prétexte, se dispenser de les assembler régulièrement, tandis que depuis 1697 elles cessèrent d'être convoquées.

En 1821, ainsi que nous l'avons vu, elles firent une constitution acceptée par Jean VI, désavouée en 1823; enfin elles ont été établies par Pierre IV sur des bases nouvelles subsistant encore aujourd'hui (1826); Dona Maria montant sur le trône les confirma de nouveau (1823). Elles se composent de deux chambres; les membres de la première sont à vie et héréditaires; ceux de la seconde sont électifs et la durée de leurs fonctions est de quatre ans; ils doivent posséder un revenu de 2,400 fr. au moins. Elles discutent les lois et votent l'impôt. Nous avons vu le Portugal abattu à l'avènement de la dynastie, nous l'avons vu ruiné par les Hollandais, rançonné par les Espagnols vainqueurs, sans roi de son pays, petite province d'un pays étranger, il n'était plus un royaume; nous l'avons vu sans marine, sans commerce, sans armée, sans industrie et maintenant après une dynastie glorieuse dont les membres sont encore sur le trône, nous voyons le Portugal redevenu grand, il a une armée, une milice pour défendre son peuple, mais cela est inutile chez un peuple de braves, il a outre un grand nombre de vaisseaux de commerce, quarante vaisseaux de guerre, il a des routes, des chemins de fer, un commerce immense, il exporte ses produits, il en importe une foule d'autres qu'il exporte de nouveau faisant le trafic, il a trois beaux ports, dont un de guerre, Lisbonne, il a des places fortes, une université, des séminaires, des colléges, des écoles d'ingénieurs, du commerce, de dessin, des monuments magnifiques, des bibliothèques en grand nombre, et enfin petit peuple de 3,500,000 habitants, il a plus de 2,000,000 d'habitants dans ses colonies Voilà quel est le résultat d'un gouvernement sage, d'une suite de rois dévoués qui ayant pris la couronne pendant que le Portugal était sous le joug, la portent maintenant pendant qu'il est libre. De nombreux traités avec les puissances étrangères, notamment la France, font que les vaisseaux Portugais paient les mêmes droits que les vaisseaux nationaux; tel est le résultat acquis par ce peuple valeureux et intelligent conduit par des rois sages.

Maintenant on doit comprendre pourquoi nous avons choisi le Portugal pour en retracer l'histoire; pourquoi nous avons donné la préférence à ce peuple, c'est sa gloire et sa grandeur qui nous ont attirés; en effet, n'est-ce point un pâtre Portugais, Viriathe, qui fit trembler Rome? n'est-ce point au commencement du XIIe siècle qu'Alphonse Henriquez, fils de ce Henri de Bourgogne, qui, pour avoir secouru de son épée le roi de Castille, reçut de ses soldats le titre de roi? N'est-ce point vers le milieu du siècle suivant qu'Alphonse III conquit l'Algarve sur les Sarrazins? Libre sur un territoire que son courage avait délivré de la domination étrangère, ne vit-on point dans ces temps héroïques la nation Portugaise sortir des ténèbres de la barbarie, se livrer aux sciences, à la navigation, au commerce, à l'agriculture, et se préparer par des routes inconnues à ces mémorables découvertes qui étendirent le cercle des relations de l'Europe avec l'Afrique et l'Asie, et plus tard avec un vaste continent dont le génie de Colomb avait deviné l'existence? Quel peuple occupe un rang plus glorieux dans les fastes du moyen-âge que celui qui, pendant plus de deux siècles, conquit une multitude d'îles, dicta des lois sur les bords du Gange, fonda dans l'Inde des villes et des comptoirs, couvrit de ses vaisseaux toutes les mers, et partagea avec la nation espagnole d'immenses contrées dont un pape assignait les limites?

Si, à l'extinction de la dynastie d'Avis, le Portugal est envahi par Philippe II, les pertes qu'il fait de plusieurs de ses colonies pendant 60 ans qu'il reste au pouvoir de l'Espagne n'exaspèrent-elles point l'orgueil des Portugais et ne déterminent-elles point la célèbre conjuration de 1640, qui, en délivrant le pays, mit la couronne sur la tête du duc Jean de Bragance, chef de la dynastie régnante, glorieux père de glorieux descendants. Enfin, la population de ce royaume n'a-t-elle point, dans plusieurs circonstances, prouvé qu'elle est animée de cet esprit public qui double les forces d'une nation? N'a-t-elle point résisté avec courage aux redoutables armées de Napoléon?

En nous rappelant sa gloire d'autrefois,

ses illustres enfants, ses actes, ses victoires, ses découvertes nous entrevoyons l'époque où, secondé par un gouvernement sage, elle occupera dans la balance une place plus importante, y apportant, non l'importance de son territoire, mais la haute valeur de ses citoyens.

Le Portugal, grand par ses actes, l'est aussi par ses enfants; parmi les poètes nous citerons le Camoëns, Ferreira, parmi ses ministres, Pinto, Pombal, parmi ses généraux Albuquerque, parmi ses marins Bathelémy Diaz et Vasco de Gama.

La gloire d'un pays n'est pas seulement dans les grandes choses qu'il exécute, elle est encore dans les grands hommes qu'il produit; l'éclat des victoires s'altère, un jour de revers anéantit un siècle de conquêtes; les cités s'écroulent et laissent à peine des ruines pour témoigner de leur grandeur. Les peuples disparaissent et souvent un vain nom est tout ce qu'il reste de leur existence éphémère. Mais lorsque naît un grand homme c'est une gloire impérissable acquise à la patrie. Otez à l'ancienne Grèce le souvenir de ses grands hommes, qui parlerait de ses victoires? qui visiterait ses ruines? qui remuerait ses cendres? Interrogez le voyageur, l'artiste, le poète qu'un saint enthousiasme conduit parmi les décombres de l'antique civilisation, que chercheront ses pas? que demanderont ses regards? Ce n'est pas seulement le champ de bataille de Leuctres, de Marathon, ou de Mantinée? non, mais la tribune où tonnaient Eschine et Démosthènes, mais le jardin où Socrate et Platon enseignaient la sagesse et la vertu, le théâtre où Sophocle et Euripide pénétraient tout le peuple de terreur et de pitié, mais le rivage où le vieil

Homère, aveugle et pauvre, racontaient aux fils les exploits de leurs pères dans une poésie qui serait sans modèle et sans rivale si le Camoëns n'eut pas existé, voilà les lieux qu'il cherche, et s'il s'arrête au pied du rocher des Thermophiles c'est qu'il croit y voir apparaître la grande ombre de Léonidas.

Oui, c'est par ses hommes qu'un pays est grand. Il ne doit pas se contenter de leur élever des statues de marbre ou de bronze, il doit écrire leur vie; que sont devenues en effet les statues de l'ancienne Rome et de la Grèce, personne ne les connaît, mais on lit les vers d'Homère et le livre de Plutarque. Le Portugal est grand par ses actes et par ses hommes. Le pays qui a étendu ses découvertes et ses conquêtes en Europe, en Asie, en Afrique, en Amérique, en Océanie, c'est-à-dire dans le monde entier, mérite une large place dans la mémoire, et le voyageur qui ira le visiter cherchera non-seulement la place où ont été vaincus les Maures, où les Espagnols ont été repoussés, mais celle où sont nés ses grands hommes ; celle où on a entendu les chants du Camoëns, celle où d'Albuquerque massait ses armées pour marcher à la victoire ; celle où Vasco de Gama et Barthélemy Diaz s'embarquaient pour aller découvrir des pays nouveaux, celle où Jean de Bragance déclara le Portugal libre, celle d'où il partit affranchir son pays du joug espagnol. Le touriste se rappelant ces grands souvenirs, voyant ce pays si petit, ses habitants si peu nombreux, croira le Portugal amoindri depuis ces époques de conquêtes. Mais non, ce royaumé est resté intact et peut-être le plus petit pays du monde, il égale les plus grands par sa gloire et l'éclat de son nom. Sachant cela, le voyageur ayant vu à chaque page de l'histoire briller le nom Portugais, ayant vu dans chaque partie du monde flotter son drapeau, restera confondu en voyant pour si peu d'hommes tant de gloire.

FIN

TABLE DES MATIÈRES

TABLE DES MATIERES

CHAPITRE II

CHAPITRE III

CHAPITRE IV

CHAPITRE V

CHAPITRE VI

CHAPITRE VII

CHAPITRE VIII

Saint-Amand. — Imp. Destenay.

www.ingramcontent.com/pod-product-compliance
Ingram Content Group UK Ltd.
Pitfield, Milton Keynes, MK11 3LW, UK
UKHW022102190726
13855UKWH00002B/595

9 782013 053327